DAGMAR BERGHOFF
CONSTANTIN SCHREIBER

»Guten Abend, meine Damen und Herren«

Ein Gespräch über die Liebe, das Leben, Glück und die Nachrichten

HOFFMANN UND CAMPE

1. Auflage 2022

www.hoffmann-und-campe.de
Umschlaggestaltung: wilhelm typo grafisch
Umschlagabbildungen: © picture-alliance / dpa |
Db Ard aktuell und © Andreas Hornoff
Satz: Pinkuin Satz und Datentechnik, Berlin
Gesetzt aus der Dante und der Acumin
Druck und Bindung: GGP Media GmbH, Pößneck
Printed in Germany
ISBN 978-3-455-01505-8

HOFFMANN
UND CAMPE

Ein Unternehmen der
GANSKE VERLAGSGRUPPE

E-MAIL VON FRAU BERGHOFF

Lieber Herr Schreiber,

Sie ahnen vermutlich, warum ich Ihnen schreibe: der Artikel im *Hamburger Abendblatt*. Natürlich habe ich mich sehr gefreut über Ihre Aussage! Und deshalb möchte ich Sie gerne einladen zu mir – auf einen Kaffee oder einen Tee, sagen wir um 15:30 Uhr? Wenn Sie Lust haben. Den Termin kann ich dabei vollkommen Ihnen überlassen, da ich eigentlich ab dem 24. 8. für 2 Wochen in Frankreich sein wollte. Also betrifft es den Zeitraum vom 24. 8. bis zum 3. 9. Noch hätte ich an jedem Nachmittag Zeit für Sie.

Ich würde mich freuen, wenn es trotz Ihres vollen Dienstplans klappt!

Mit einem herzlichen Gruß

Dagmar Berghoff

Als ich am 19. August 2021 diese Nachricht in meinem E-Mail-Postfach vorfand, war ich mehr als überrascht. Dagmar Berghoff hatte mir geschrieben, aus heiterem Himmel!

Nicht nur im *Hamburger Abendblatt* – auch bei anderer Gelegenheit nannte ich regelmäßig Dagmar Berghoff als eine der Frauen, die mich als jungen Menschen maßgeblich geprägt haben. In der Zeitschrift *Myself*, die mich ebenfalls dazu befragt hatte, gehörten außerdem die Schriftstellerin Agatha Christie, die ägyptische Königin Kleopatra und die ehemalige First Lady der USA Michelle Obama dazu. Michelle Obama war dabei, weil sie für mich Aufbruch, Selbstbewusstsein und Inspiration verkörperte. Agatha Christie, weil ich ein großer Fan ihrer Kriminalromane bin, *Tod auf dem Nil* etwa oder aber *Und dann gab's keines mehr.* Und eben Dagmar Berghoff, weil ich gewissermaßen mit ihr groß geworden war.

Schon als kleines Kind saß ich wohl fast jeden Abend um 20 Uhr mit meinen Eltern vor dem Fernseher, und Dagmar Berghoff brachte mir die Nachrichten, das Weltgeschehen und überhaupt die Welt ein Stück näher. Dass sie die Texte gar nicht selbst schrieb, war mir überhaupt nicht bewusst. Für mich war sie quasi allwissend und fester Bestandteil der Gesetzmäßigkeiten, die in meiner Wahrnehmung damals die Welt in Ordnung hielten. Im Vatikan saß Johannes Paul II., in London Queen Elizabeth. Der Kanzler hieß Helmut Kohl, und die Nachrichten kamen von Dagmar Berghoff.

An einige der *Tagesschau*-Beiträge aus meiner frühen Kindheit kann ich mich tatsächlich bis heute erinnern: so etwa an die spektakuläre und umstrittene Landung des deutschen Piloten Mathias Rust auf dem Roten Platz in Moskau 1987, dann an die Sendungen vor, während und nach der Wiedervereinigung, in denen wir ganz im Westen Deutschlands mitverfolgten, wie im Osten die Menschen auf die Straße gingen, wie in Prag auf dem Balkon der Deutschen Botschaft Genscher seine berühmte Ankündigung anfing: »Wir sind zu Ihnen gekommen, um Ihnen mitzuteilen, dass heute Ihre Ausreise …«, und der Rest im Jubel unterging.

Und ebenso gut kann ich mich daran erinnern, wie ich am 31. Dezember 1999 die letzte *Tagesschau* mit Dagmar Berghoff sah, die sie mit den Worten beendete: »Auf Wiedersehen von diesem Platz!« Ich dachte nur: Wie schade! Schade, nie wieder die Nachrichten von dieser unverwechselbaren Stimme präsentiert zu bekommen. Wobei das dann ja gar nicht stimmen sollte, denn am 16. Juni 2016 trat Dagmar Berghoff doch noch einmal an das Nachrichtenpult der *Tagesschau* und verlas den Newsblock in den *Tagesthemen*.

Dass ich einmal selbst von ebendiesem Platz aus um 20 Uhr die Nachrichten verlesen würde, als ein Nachfolger von Dagmar Berghoff, hätte ich nie für möglich gehalten. Doch seit Januar 2021 stehe ich regelmäßig am Nachrichtenpult des ARD-Studios 2 beim NDR in Hamburg-Lokstedt, von wo aus die *Tagesschau* ausgestrahlt wird. Ich kann mich genau an meine erste 20-Uhr-Sendung erinnern, vor allem daran, wie der Gong erklang, der ja schon während meiner Kindheit den Beginn der Sendung einläutete – damals natürlich noch in anderem visuellen Design. Und wie ich später erfuhr, saß nun ihrerseits die frühere Chefsprecherin Dagmar Berghoff an diesem Abend bei sich zu Hause vor dem Fernseher und schaute mir zu.

Acht Monate nach meiner 20-Uhr-Premiere bekam ich nun besagte E-Mail von ihr. Natürlich habe ich die freundliche

Einladung gleich angenommen. Als ich meinen Eltern davon erzählte, waren die nicht weniger aufgeregt als ich selbst. Dagmar Berghoff! Das war doch immer so eine feine Dame, eine Berühmtheit! Wahrscheinlich hätte für sie nur eine Einladung der Bundeskanzlerin das noch toppen können.

Zum verabredeten Termin stehe ich ordentlich gekleidet und mit einem Strauß Blumen in der Hand vor dem Wohnhaus unweit der Hamburger Alster und drücke auf die Klingel. Über die Gegensprechanlage ist zuerst ein Knistern zu vernehmen, dann jene unverwechselbare Stimme: »Zweiter Stock!« Dagmar Berghoff empfängt mich in der Tür, perfekt zurechtgemacht, wie man sie vom Bildschirm kennt. Ihre Wohnung ist hell und geschmackvoll eingerichtet, durch die große Fensterfront fällt das Tageslicht in das geräumige Wohnzimmer. Was mir sofort auffällt, ist der beige Teppichboden, makel- und fleckenlos. Das große rote Sofa und der Kristalllüster über dem Esstisch. Zahlreiche Bilder und Graphiken zieren die Wände, darunter Gustav Marx und Fritz Friedrichsen. Kamin, weiße Bücherwand. Die Kaffeetafel ist für uns eingedeckt.

Hier sitzen wir uns nun also gegenüber, die erste Frau überhaupt, die als *Tagesschau*-Sprecherin im Alter von damals 33 Jahren Fernsehdeutschland die Nachrichten verkündete, und einer ihrer Nachfolger zwei Generationen später, der sich nicht nur in technischer Hinsicht in einer ganz anderen Medienwelt bewegt. Dagmar Berghoff wuchs über Jahre und Jahrzehnte zu einer Instanz im deutschen Fernsehen, wurde zum Vorbild vieler junger Frauen auch jenseits des Journalismus und ist längst eine Legende. Ihr Interesse an der Nachrichtenwelt ist auch nach ihrer aktiven Karriere ungebrochen, wie ich bei unserer Begegnung schnell spüre: Wir haben uns viel zu erzählen, geraten von einem Thema zum nächsten.

Dass wir gemeinsam dieses Buch machen würden – davon war bei unserem ersten Treffen natürlich noch gar keine Rede. Ich hatte an diesem Tag einfach ganz viele Fragen, wie es bei ihr früher war, hörte gespannt zu, wie sie Anekdoten von der *Tagesschau* und aus ihrem Leben erzählte, und berichtete selbst von mir und meiner Arbeit heute. Die Zeit verging wie im Flug. Als ich irgendwann auf die Uhr schaute, stellte ich erschrocken fest, dass bereits vier Stunden vergangen waren, es dämmerte schon langsam. Dagmar Berghoff bot mir an, dass sie mir ein Brot zum Abendessen machen könne, aber ich wollte ihre Gastfreundschaft nicht länger strapazieren und machte mich auf den Heimweg.

Das Treffen wirkte in mir nach. Wie spannend, wie fesselnd, was die Nachrichtenikone meiner Kindheit zu erzählen gehabt hatte. Und wie viel mehr es wohl noch zu erzählen gab, das wir an einem Nachmittag gar nicht thematisieren konnten? So kam mir irgendwann die Idee, unsere Gespräche fortzuführen und in einem Buch festzuhalten. Ich rief Dagmar Berghoff an und fragte sie, was sie davon halte. Ein paar Sekunden nachdenklicher Stille, dann sagte sie: »Warum nicht!« Und so verbrachte ich zwischen September 2021 und August 2022 viele weitere Nachmittage in Dagmar Berghoffs Wohnzimmer, an denen wir über Hochs und Tiefs, über Glück und Unglück, die Arbeit, die Liebe, überhaupt das Leben und vor allem *ihr* Leben sprachen. Und darüber, was am Ende wirklich zählt.

2022

Das Jahrzehnt birgt, so zeigt sich gleich zu seinem Beginn, ungeahnte Herausforderungen, wir bewegen uns in schwierigen Zeiten. Seit Januar 2020 hält die Coronapandemie die Welt in Atem. Ich trage inzwischen routiniert Maske, bin dreimal geimpft und gehe doch nach wie vor kaum in Restaurants oder Cafés – nur wenn man draußen sitzen kann. In meinem Umfeld hatten bereits viele Corona, manche auch schon mehrmals. Ein Gutes hat das Ganze für mich dennoch: Dank Maske kann ich mich weitgehend unerkannt draußen bewegen.

Seit Januar 2021 bin ich Sprecher der Hauptausgabe der *Tagesschau* um 20 Uhr. Ein Debüt mitten in der Pandemie, weswegen sich für mich lange Zeit kaum etwas verändert hatte: Ich bewegte mich weitgehend zwischen Sender und zu Hause, und wenn ich doch mal irgendwo anders unterwegs war, dann eben nur mit dem obligatorischen Mund-Nasen-Schutz. Erst als ich im Sommer 2021 hin und wieder ohne Maske in Hamburg oder Berlin unterwegs war, merkte ich, dass man mich offenbar erkannte. Plötzlich guckten viele Leute, sprachen mich an oder wollten sogar Fotos mit mir machen. Wenn ich also mal inkognito unterwegs sein will, setze ich seither einfach die Maske auf.

Anfang 2022 fühlt es sich so an, als wäre das Schlimmste

überstanden, als würde die Pandemie langsam beherrschbar werden. Doch dann im Februar der Angriffskrieg Russlands gegen die Ukraine: bestürzende Bilder von Tod und Zerstörung, alte Ängste, die auch hierzulande wieder aufkommen, nicht zuletzt die vor einem Atomkrieg. Hinzu kommen die Sorgen vor einer immer weiter wachsenden Inflation. Bundeskanzler Scholz spricht von einer »Zeitenwende«. Corona war schlimm, weil es unser aller Leben so beeinträchtigt hat, aber wirklich Angst hatte mir die Pandemie nicht gemacht. Die Bilder aus der Ukraine jedoch, das irre Verhalten des Despoten Putin, haben mich mehr beunruhigt als bis dahin wohl jede andere Nachrichtenlage, die ich erlebt habe. Zum ersten Mal habe ich wegen der Nachrichten nachts einen Albtraum, in dem mich die Bilder flüchtender Frauen und Kinder verfolgen. Anders als diese Menschen habe ich das Glück, schon bald darauf zwei Wochen Urlaub nehmen und im wahrsten Sinne des Wortes mal abschalten zu können. Ich kann tatsächlich verstehen, wenn Menschen nicht jede *Tagesschau*, jeden *Brennpunkt* gucken, weil sie zu sehr mitnimmt, was sie dort zu sehen bekommen. Für mich eine Erklärung dafür, warum die Quoten der *Tagesschau* während des Ukrainekriegs – anders als etwa während der Coronapandemie – nicht auf Rekordhoch sind.

Krieg in Syrien, im Jemen; Flutkatastrophe im Ahrtal, Klimakrise, das Gefühl einer Gesellschaft, die in viele Einzelteile zerbricht – man kann schon den Eindruck gewinnen, die Welt rast im Turbo auf den Untergang zu. Und zum ersten Mal denke ich, wie beunruhigend sich all das erst anfühlen muss, wenn man noch jünger ist, ein Teenager oder in den Zwanzigern. Als ich so alt war, war der

Kalte Krieg vorbei, die Welt wuchs zusammen, und es gab eine grundsätzlich optimistische Erwartungshaltung, was die Zukunft wohl mit sich bringen würde. Das ist im Moment anders.

Es ist Anfang September, und die ersten Blätter färben sich herbstgelb. Dagmar Berghoff setzt sich auf das Sofa in ihrem Wohnzimmer, das mit dem Rücken zur Fensterfront steht, ich ihr gegenüber. »So haben Sie den schöneren Blick, raus auf den Kanal«, sagt sie und schenkt den Filterkaffee in die gold-rot-weiße Tasse vor mir. Auf mehreren Tellern Schokoladenkekse und andere Süßigkeiten. Ich lege mein iPhone auf den Tisch. »Ich starte schon mal die Aufnahme«, erkläre ich. »Okay«, sagt Dagmar Berghoff und fügt etwas verschmitzt hinzu: »Und das wollen Sie sich dann alles hinterher noch mal anhören?« »Und aufschreiben«, entgegne ich. – »Na dann!«

CONSTANTIN SCHREIBER: **Sehen Sie sich jeden Tag die *Tagesschau* an?**

DAGMAR BERGHOFF: Ja, jeden Tag, wenn ich Zeit habe.

CS: **Als frühere Chefsprecherin – schaut man da wohl mit einem besonderen Blick?**

DB: Inzwischen bin ich eine ganz normale Zuschauerin geworden. In der ersten Zeit, nachdem ich raus war, habe ich immer fünf Minuten vor acht den Fernseher angemacht, um auf keinen Fall die erste Meldung zu verpassen. Heute schalte ich auch manchmal fünf Minuten zu spät ein. Früher habe ich sehr kritisch darauf geblickt, wer wie spricht. Heute höre ich einfach nur zu.

CS: **Sie waren die erste Sprecherin bei der *Tagesschau.* Wie kam es damals dazu, am 16. Juni 1976?**

DB: Ich war eine Quotenfrau, ohne es zu wollen. Der damalige Chefsprecher Karl-Heinz Köpcke hatte Anweisung, eine Frau zu suchen für das Team. Er hatte vor mir schon knapp zwanzig Frauen gecastet. Das wusste ich aber alles nicht, als er mich fragte, ob ich vorsprechen wolle. Er gab mir sein Manuskript, in dem er mit dicken Strichen den Text markiert hatte, sodass ich kaum noch etwas lesen konnte. Ich habe mich dann einmal versprochen und sagte hinterher zu ihm: »Herr Köpcke, wenn ich noch einmal vorsprechen darf, dann bestehe ich auf einem eigenen Manuskript. Ich kann in Ihrem nicht lesen.« Da hat er wahrscheinlich gemerkt, dass ich bereits ein junger Profi war und nicht die kleine Ansagerin, die alles mitmacht. Ich wurde dann noch einmal eingeladen und habe mein eigenes Manuskript bekommen. Schon einige Tage später sprach ich meine erste 16-Uhr-Ausgabe.

CS: **Waren Sie aufgeregt?**

DB: Bei meiner ersten Sendung um 16 Uhr gar nicht, aber beim ersten Mal um 20 Uhr schon. Früher war es ja üblich, dass die neuen Sprecherinnen und Sprecher erst einmal längere Zeit die Morgen- und Nachmittagsausgaben moderierten, bevor sie zur 20-Uhr durften. Als Wilhelm Wieben damals seine erste 20-Uhr sprach, wunderte sich keiner, weil er eben vorher schon präsent war. Nur ein Regisseur rief hinter den Kulissen: »Sag mal, Wilhelm, ist das wirklich deine erste 20-Uhr?« Kein Mensch hat's gemerkt. Nur bei mir fiel diese Runde aus, weil die Presse über mich im Zusammenhang mit meinen Stationen davor schon viel berichtet hatte. Deshalb war gleich meine dritte Sendung die 20-Uhr-Ausgabe. Bei meiner allerersten Sendung, der 16-Uhr, stand die ganze Zeit Karl-Heinz Köpcke neben mir. Ich habe mich darüber gar nicht gewundert, ich dachte, das machen die hier so. Aber hinterher kam raus, dass er da nur stand, weil er Sorge hatte, dass ich als Frau zusammenbrechen könnte.

CS: **Wirklich? Das ist ja aus heutiger Sicht unvorstellbar! Was geschah denn nach der Sendung?**

DB: Hinterher musste ich meine erste Pressekonferenz mit circa fünfzig Journalisten und Fernsehteams geben. Die fragten so viel und alles durcheinander: »Wie fühlen Sie sich, Fräulein Berghoff? Mit wem sind Sie liiert, Fräulein Berghoff? Wo wohnen Sie in Hamburg, Fräulein Berghoff?« Ich musste richtig lachen. Ich habe mich gefühlt wie im Zoo, aber habe geantwortet, so gut es ging. Dieser Zustand hielt natürlich nicht an, schon bald ging es weniger um meine Person als um die Meldungen, die ich sprach.

CS: **Gab es das denn früher einmal, dass Sie gemerkt haben, eine Nachricht geht Ihnen wirklich nahe? Die haben Sie sozusagen mit nach Hause genommen, die ließ Sie nicht los?**

DB: Allerdings. Ich war einmal mit meinem Mann im Urlaub in Mexiko, und wir hatten eine Reiseleiterin, die zugleich Sozialarbeiterin in einer ländlichen Region war. Sie berichtete uns stolz, dass sie es in der Region geschafft hatten, die Geburtenrate innerhalb weniger Jahre um 14 Prozent zu senken. Und dann erzählte sie, dass der Papst zu Besuch in Mexiko gewesen sei und ihre gesamte Arbeit zunichtegemacht habe, weil er sich gegen Empfängnisverhütung ausgesprochen habe. Später musste ich in der *Tagesschau* eine Meldung vorlesen, in der der Papst erneut auf Auslandsreise war mit genau derselben Agenda. Das hat mich zum Beispiel ziemlich wütend gemacht und enttäuscht, weil ich an diese Frau und die Menschen in Mexiko denken musste. Im Übrigen gab es während meiner Zeit ja auch wirklich grauenvolle Nachrichten, wenn ich zum Beispiel an die RAF-Attentate denke, aber auch solche in Israel und Palästina. Doch all das betraf mich nicht so direkt, und es waren keine Dauerthemen, so wie heute Corona oder die Ukraine.

CS: **Also machen die Nachrichten heute auch etwas mit Ihnen? Mir persönlich geht es so, dass ich vieles gar nicht mehr anhören oder ansehen möchte – Corona, Ukraine, Syrien –, weil es so schrecklich ist.**

DB: Das geht, glaube ich, ganz vielen Menschen so. Und wenn ich ehrlich bin: mir auch. Und das ist für mich etwas ganz Neues. Warum das so ist? Wenn ich so zurückdenke – dass so schlechte Nachrichten wie während der Coronapandemie uns über anderthalb oder zwei Jahre permanent begleiten und auf uns einwirken, das gab es früher nicht. Da gab es auch schlechte Nachrichten, aber die waren schneller wieder vorbei. Die derzeitigen Dauerkrisen sind tatsächlich eine ganz andere Situation. Und ich glaube, da braucht man manchmal einfach Abstand. Auch ich.

CS: **Und was empfinden Sie, wenn Sie sehen, was aktuell auf der Welt passiert? Ich finde es manchmal ganz schön deprimierend, was ich an negativen Nachrichten vermelden muss. War früher alles besser?**

DB: Ich glaube, wenn man das denkt, liegt man falsch. Es war früher nicht besser. Wenn ich an die PLO-Attentate denke oder an die israelischen Militäroperationen – Nachrichten, die ich früher vermelden musste. Oder die RAF, bestimmte Naturkatastrophen, den Bürgerkrieg im Libanon und viele andere negative Nachrichten. Ich glaube, jede Zeit, jede Epoche hat ihre Herausforderungen und Probleme.

CS: **Das heißt, Sie haben nicht das Gefühl, es geht alles bergab?**

DB: Nein. Aber alles wirkt bedrohlicher als früher, weil es in den Medien so oft wiederholt wird.

CS: **Manche bemängeln ja insbesondere eine zunehmende Spaltung der Gesellschaft – dass das Zusammengehörigkeitsgefühl verloren geht.**

DB: Auch das glaube ich nicht. So etwas wie ein echtes Zusammengehörigkeitsgefühl gibt es aus meiner Sicht ohnehin nur nach Katastrophen, wie damals nach der Sturmflut

1962 in Hamburg. Da habe ich das selbst miterleben können. Ich musste ja am Tag nach der Sturmflut mein mündliches Abitur ablegen, bin mit dem Bus zur Schule gefahren. Alle haben sich umeinander gekümmert, miteinander geredet. Da gab es echte Solidarität. Jeder fragte, wie es dem anderen geht. Nach einem halben Jahr war das aber wieder vorbei. Im Angesicht existenzieller Gefahr rücken die Menschen zusammen. Oder schauen Sie jetzt, nach der Flutkatastrophe in Ahrweiler. Da halten alle zusammen, und ganz Deutschland spendet zur Unterstützung der Opfer. Deswegen ist es vielleicht eine Erwartung, die gar nicht erfüllt werden kann, dass wir ein solches Zusammengehörigkeitsgefühl permanent erleben. Es kommt immer auf die Umstände an.

CS: **Heute sind ja Fake News und Lügenpressevorwürfe ein großes Thema. Wann immer ich auf Sendung bin oder online etwas von der *Tagesschau*, aber auch von anderen Formaten erscheint, kommen sofort die Kommentare, wir seien gesteuert, wir seien unobjektiv, hätten eine Agenda und vieles mehr. Wie war das damals?**

DB: Nein, diese Vorwürfe gab es zu meiner Zeit gar nicht. Das ist etwas ganz Neues. Aber klar, die Lage des Journalismus ist heute schwieriger. Früher war sicher, dass das stimmt, was in der *Tagesschau* berichtet wird. Heute gibt es Versuche, Medien zu diskreditieren und Informationen zu manipulieren.

CS: **Ich kann mich daran erinnern, dass wir einmal in Berlin drehten, ich da also mit einem Kamerateam stand, und auf**

einmal fing ein Mann an zu schimpfen: »Lügenpresse! Das ist heute schlimmer als früher in der DDR!«

DB: Wie erschreckend! Früher war es ja eher so, dass man Journalisten und vor allem denen der *Tagesschau* einen riesigen Respekt entgegenbrachte. Und als die privaten Sender mit ihren Nachrichten anfingen, haben doch die meisten immer noch zusätzlich in der *Tagesschau* geguckt, ob das auch alles so stimmt, was berichtet wurde. Die *Tagesschau* war das Nonplusultra.

CS: **Das ist tatsächlich auch heute noch so – zumindest gibt es dazu einige Untersuchungen, die zeigen, dass die Nachrichtensendungen der öffentlich-rechtlichen Sender die höchste Glaubwürdigkeit besitzen. Ganz anders als Social Media oder Onlineportale.**

DB: Na, immerhin. Das beruhigt mich.

CS: **Aber mal Hand aufs Herz: Wie geht das Ihnen persönlich? Ertappen Sie sich dabei, dass Sie sich bei Nachrichten manchmal fragen, ob das alles so stimmt?**

DB: Ich bin natürlich geprägt von der *Tagesschau* und der Akribie, mit der dort Informationen gecheckt wurden, sodass ich ein großes Vertrauen in den Journalismus bei der *Tagesschau* habe. Was ich aber wahrnehme, ist, dass einem als Zuschauer heute etwas mehr abverlangt wird, weil es so viele Sender, eine solche Bandbreite an Sendungen und damit so viel mehr einzelne Informationen gibt. Man guckt nicht mehr nur die eine Sendung und fühlt sich damit komplett informiert, sondern beschäftigt sich viel eingehender mit den Themen. Zum Beispiel beim Thema Corona: Da kann man zum Teil so widersprüchliche Informationen lesen und hören, dass ich mir vorstellen kann, dass das für manche sehr verwirrend ist.

CS: **Das stimmt. Ein Freund von mir sagte mal, er habe das Gefühl, er bekomme einen Informationsinfarkt, weil ständig so viele Infos auf ihn einwirkten. Ich bemerke auch bei mir, dass ich mir ein Potpourri an Medien zusammenstelle, die sehr unterschiedlich sind und von denen ich Informationen beziehe, aber dafür nicht mehr permanent auf Twitter oder YouTube schaue, die ich auch eher irritierend finde. – Welche Zeitungen lesen Sie eigentlich?**

DB: Das *Hamburger Abendblatt* und die *Süddeutsche Zeitung*.

CS: **Und nutzen Sie auch Onlinemediatheken?**

DB: Ja, die *heute-show* zum Beispiel schaue ich mir regelmäßig nachmittags in der Mediathek an. Und natürlich Filme, einzelne Folgen bestimmter Serien, aber auch mal eine verpasste interessante Doku.

CS: **Wie digitalaffin sind Sie denn?**

DB: Ich habe seit 2007 einen Computer. Es war so, dass ich im Radio einmal etwas mit der Hamburger Polizei gemacht hatte und dabei irgendwie fallen ließ, dass ich überlegte, mir einen Rechner zuzulegen, aber nicht recht wusste, was man damit überhaupt macht und wie man mit ihm umgeht.

Da bot die Hamburger Polizei mir an, dass mir einer ihrer IT-Experten sozusagen Computerunterricht geben würde. Wir sind dann tatsächlich zu zweit losgezogen und haben mir ein Gerät gekauft. Und dieser Mann hat mir das dann ganz genau beigebracht. Ich habe hier noch drei dicke Hefte liegen, in denen er mir alles aufgeschrieben hat, damit ich die Schritte nicht vergesse. Mittlerweile beherrsche ich meinen Computer ganz gut, auch wenn ich nicht unbedingt ein Technikfreak bin.

CS: **Wie lange haben Sie denn dann bei dem Polizisten Unterricht genommen?**

DB: Henning kommt immer noch zu mir und zeigt mir etwas Neues, ungefähr alle sechs Wochen, inzwischen sind wir richtig gut befreundet. Wobei wir mittlerweile auch via TeamViewer verbunden sind – so muss er nicht jedes Mal herkommen, wenn ich eine Frage habe, sondern kann mir einfach aus der Ferne am Bildschirm helfen.

CS: **Wann waren Sie eigentlich das letzte Mal in der *Tagesschau*-Redaktion?**

DB: Unter anderem war ich zur Eröffnung des neuen Studios eingeladen, das war allerdings schon 2013. Da war ich als Glücksfee dabei und durfte miterleben, wie zum ersten Mal live aus dem neuen Studio gesendet wurde. Man hatte das ja vorher viele Male geprobt, aber live ist es dann natürlich doch noch mal etwas anderes.

CS: **Und wie genau war es?**

DB: Aufregend! Man spürte, wie angespannt alle waren. Es gab ja vorher offenbar erhebliche Probleme, weswegen das Studio auch erst später als geplant in Betrieb gehen konnte. Was waren das eigentlich für Probleme, wissen Sie darüber etwas?

CS: **Ich war zu der Zeit ja noch nicht da, aber ich habe davon gehört. Das Hauptproblem war wohl, die Hintergrundbilder hinter dem Sprecher unverzerrt auf die Wand zu bekommen. Die Wand ist ja konkav, und wenn man mit den Projektoren einfach das Bild darauf wirft, ist alles verzerrt, auch die Schrift. Da musste erst eine Software entwickelt werden, die alle Bilder und Schriften so rechnet, dass es gerade aussieht.**

DB: Warum ist sie konkav?

CS: **Das ist einfach das Design, dafür gibt es keinen technischen Grund. Aber bei der Projektion der Bilder hat das einiges komplizierter gemacht.**

DB: Interessant, das wusste ich gar nicht. Aber das erklärt die Anspannung damals. Nach der Sendung brach jedenfalls richtig Jubel aus, und wir haben im Anschluss an die Premiere noch ein bisschen gefeiert. 2016 habe ich dann noch einmal den Nachrichtenblock – also die Kurznachrichten zwischen den längeren Berichten – in den *Tagesthemen* vorgelesen, weil ich genau vierzig Jahre zuvor das erste Mal als *Tagesschau*-Sprecherin vor der Kamera gestanden hatte. Aus dem Anlass durfte ich mich noch einmal im Studio vor die Kamera stellen.

CS: **Der damalige Chefredakteur Kai Gniffke hatte Sie gefragt.**

DB: Genau. Ich habe damals überlegt, ob ich das wirklich machen soll – will ich das den Zuschauern wirklich zumuten *(lacht)*? Und auch mir selbst? Aber dann dachte ich, das ist doch eigentlich eine ganz lustige Aktion.

CS: **Und die Reaktionen waren ja auch sehr positiv.**

DB: Das stimmt. Später war ich dann noch einmal für eine Reportage in der Redaktion. Da traf ich auch junge Kolleginnen und Kollegen aus der Onlineredaktion der *Tagesschau*, die mich überhaupt nicht kannten.

CS: **Was? Wirklich?**

DB: Nein, woher denn? Es sprach sich dann aber schnell rum, das ist Dagmar Berghoff, die war mal die erste Frau hier vor der Kamera, und dann wollten sie alle ein Selfie mit mir machen. Das fand ich unglaublich rührend und nett. In dem neuen Nachrichtenhaus war ich aber noch nicht. Wie ist es denn dort?

CS: **Ich finde, es ist sehr schön geworden. Unsere neuen Räume sind hell und freundlich, und das wirkt sich insgesamt sehr positiv aus. Zurück zu den Nachrichten – wie intensiv verfolgen Sie denn heutzutage das politische Geschehen?**

DB: Sehr intensiv, es betrifft mich ja direkt. Ich lebe in diesem Land, auf dieser Welt. Wie könnte es mich da nicht interessieren? Ich finde zum Beispiel super, dass junge Menschen sich für unsere Umwelt und den Klimaschutz einsetzen und für diese Themen auf die Straße gehen.

CS: **Sie meinen Fridays for Future.**

DB: Es ist doch unglaublich, was eine Greta Thunberg da angestoßen hat! Ohne sie gäbe es heute gar nicht dieses Bewusstsein, dass wir etwas ändern müssen. Viele von uns haben seitdem ihr Verhalten und ihre Gewohnheiten überprüft. Bei mir war das auf jeden Fall so – dass ich zum Beispiel Wert darauf lege, weniger Müll zu verursachen, und Mülltrennung sehr ernst nehme. Und auch wenn ich gerne mit 200 km/h auf der Autobahn fahre, tue ich das inzwischen deutlich seltener. Nicht weil ich älter werde, sondern weil ich ans Klima und an unsere Erde denke und mich frage: Muss das jetzt wirklich sein?

CS: **Ist denn aus Ihrer Sicht die Jugend heute politischer als früher?**

DB: Das glaube ich nicht. Die Jugend war schon immer politisch und auch politisch aktiv, hat schon immer demonstriert. Damals in den achtziger und neunziger Jahren etwa gegen die Atomkraftwerke und schon davor während des Vietnamkriegs. Eine politische Jugend gab es immer.

CS: **Und Sie?**

DB: Ich bin ja mit vierundzwanzig nach Baden-Baden gegangen, da gab es keine Demos. Davor, muss ich zugeben, war ich sehr mit mir selbst beschäftigt, mit Arbeiten, Ankommen, damit, meinen Platz zu finden. Ausgesprochen politisch wurde ich erst, als ich zur *Tagesschau* kam. Das, was ich dort jeden Tag vermeldete, hat mich auch außerhalb des Senders stark beschäftigt.

CS: **Welche Themen treiben Sie denn politisch um?**

DB: Vor allem das Thema Armut. Ich denke, dass wir uns mehr um diejenigen in unserer Gesellschaft kümmern sollten, die nicht so viel haben. Vor allem die Älteren.

CS: **Das finde ich sehr interessant. Mein Eindruck ist, dass der Kontrast in Hamburg sehr stark ausgeprägt ist: Je nachdem, wo man in der Stadt lebt, hat man ganz unterschiedliche finanzielle Möglichkeiten. Das ist aus meiner Sicht hier noch auffälliger als etwa in Berlin, wo sich verschiedene gesellschaftliche Schichten mehr miteinander vermischen. Was bedeutet denn Geld für Sie persönlich?**

DB: Dass man sich Essen und Wohnen leisten kann. Und vielleicht noch ein Auto. Aber es ist immer Mittel zum Zweck, kein Selbstzweck. Ich weiß durchaus noch, wie es ist, kein Geld zu haben, sich nicht mal etwas zu essen kaufen zu können. Ich erinnere mich, wie ich auf der Schauspielschule einmal noch genau zwei Mark in der Tasche hatte, das war alles. Und ich stand vor der Wahl, kaufe ich mir etwas zu essen oder ein paar Malstifte. Ich entschied mich tatsächlich für die Stifte, weil ich eine Idee im Kopf hatte, was ich malen wollte. Eigentlich verrückt, aber ich dachte damals, es wird schon irgendwie werden.

CS: **Und später? Hat sich Ihr Verhältnis zum Geld da verändert?**

DB: Die Erfahrung, wenig oder kein Geld zu haben, hat mich schon geprägt, auch als ich später beim Fernsehen war. Ich war ja immer als freie Mitarbeiterin beschäftigt, also nicht so abgesichert wie jemand, der fest angestellt ist. Meine größte Angst war, dass ich einen Unfall haben könnte: Wenn etwas passiert, bitte nur das Gesicht, nicht die Stimme!, habe ich immer gehofft. Am Ende ist glücklicherweise alles gut gegangen. Haben Sie diese Gedanken nie?

CS: **Nein, tatsächlich nie.**

DB: Wirklich? Doch, mich hat das sehr beschäftigt, weil ich ja gar nichts anderes konnte. Ich hatte nichts anderes gelernt, hätte nicht so einfach den Beruf wechseln können.

CS: **Ich frage mich gerade, ob man heute jemanden wirklich vom Schirm nehmen würde, wenn etwa bei einem Unfall sein Gesicht verletzt würde.**

DB: Natürlich! Dann kann man doch nicht mehr regelmäßig vor die Kamera!

CS: **Das ist doch die große Frage. Warum denn nicht? Wir blicken doch heute ganz anders auf Themen wie Diskriminierung und Gleichstellung, und ich finde, das wäre ein interessantes Szenario. Könnte man heute wirklich jemanden rauswerfen, weil sein Äußeres infolge eines Unfalls einen**

Makel hat? Also quasi jemanden wegen seiner Einschränkung ausmustern?

DB: Stimmt, das ist eine spannende Frage. Wahrscheinlich käme es immer auf den konkreten Fall an. Wie sehr würde das Erscheinungsbild von den Nachrichten und dem Inhalt ablenken? Ganz außer Acht kann man diesen Aspekt wohl nicht lassen. Aber ja, vielleicht wäre ein optischer Makel heute nicht mehr das Aus.

CS: **Etwas ganz anderes – unser erster Kontakt fand ja per E-Mail statt. Nutzen Sie auch soziale Medien?**

DB: Ich war mal vierzehn Tage lang bei Facebook angemeldet. Von einer Freundin aus Norwegen hatte ich per Mail eine Anfrage erhalten, ob ich mich bei Facebook mit ihr befreunden könne. Mein Computerfreund legte mir daraufhin ein Konto an. Mein Fehler war jedoch, dass ich ein echtes Foto von mir eingestellt hatte und daraufhin wahnsinnig viele Freundschaftsanfragen erhielt von Leuten, die ich gar nicht kannte. Das war natürlich nicht mein Ziel, und ich wollte mich gleich wieder abmelden. Doch das war richtig schwierig! Zwei Leute mussten bezeugen, dass ich wirklich ich bin. Damit war mein Ausflug zu Facebook beendet.

CS: **Facebook ist ja eigentlich auch gar nicht mehr angesagt. YouTube, Instagram und TikTok sind gerade bei den Jüngeren viel beliebter.**

DB: Ich finde es faszinierend, dass manche Lust haben, sich die ganze Zeit selbst zu filmen und zu fotografieren, beim

Kochen, auf dem Sofa, beim Spazierengehen. Und damit ja offenbar auch zu Stars werden. Das wäre nichts für mich.

CS: **Viele von diesen Stars kenne ich auch nicht mehr. Dafür bin ich selbst schon zu alt. Die Zielgruppe ist noch mal deutlich jünger, Jugendliche und junge Erwachsene.**

DB: Wenn sie damit Geld verdienen und zufrieden sind, ist es doch gut, dann freut mich das für sie. Vielleicht werden das Ihre Kinder ja später auch so machen *(lacht)*!

CS: **Darüber mag ich gar nicht nachdenken. Ich finde es krass, wie gut schon kleine Kinder heute mit dem Smartphone umgehen können.**

DB: Gucken Sie selbst sich denn viel in den sozialen Medien an?

CS: **Es kommt drauf an. Vieles von dem, was man da finden kann, ist tatsächlich ganz hilfreich, zum Beispiel wenn ich etwas aufbauen oder zusammenbauen möchte. Es gibt YouTuber, die es sich zum Programm machen, ausschließlich Regale oder Tische zusammenzubauen, und die Schritte auch wirklich gut erklären. So etwas schaue ich mir dann bei Bedarf tatsächlich an.**

DB: Und die *Tagesschau*? Inwiefern ist die online aktiv?

CS: **Die ist fast überall vertreten, bei Instagram, Facebook, YouTube. Ich zeige Ihnen das mal. Hier findet man bei YouTube die aktuelle Sendung, und untendrunter können die**

Leute kommentieren. Bisher gibt es 220 000 Abrufe und knapp 2500 Kommentare.

DB: »Ehre sei Jesus Christus!« Warum schreibt denn jemand so etwas dahin?

CS: **Viele Kommentare sind etwas eigenartig. Jeder kann dort schreiben, was er will, aber manches ist eben auch beleidigend bis rassistisch. Es gibt Kollegen, die Kommentare prüfen, löschen oder sogar anzeigen, wenn es strafrechtlich relevant ist. Das ist häufig kein angenehmer Dienst. Hier zum Beispiel: »Völlig überflüssig, diese EU-Sekretärin« über Ursula von der Leyen. »Nieder mit den Kontinenten!«, »Die wird Margot Honecker immer ähnlicher.« Viele Nutzer schreiben aber natürlich auch sinnvolle Dinge und vernünftiges Feedback. Es ist einfach alles dabei.**

DB: Na, diese Schicht möchte ich nicht machen und mir das alles durchlesen müssen. Das gab es früher nicht. Aber immerhin weiß ich jetzt, wie ich die *Tagesschau* bei YouTube finde, wenn ich mal eine Sendung verpasse.

CS: **Lassen Sie uns über früher sprechen!**

DB: Da muss ich mir erst mal eine Zigarette anstecken. Ach, und wollen wir nicht lieber du sagen?

CS: **Gerne!**

DB: Ich bin Dagmar.

1943

Deutschland, Europa, die Welt erleben gerade eine wahre Zeitenwende. Der Zweite Weltkrieg tobt, das Jahr 1943 ist eine Abfolge dramatischer Ereignisse. Am 18. Januar beginnt der Abtransport der Juden aus dem Warschauer Ghetto. Der Holocaust, Hitlers Massentötungsmaschinerie, ist in vollem Gange. In Stalingrad werden die deutschen Truppen in einen Süd- und einen Nordkessel aufgespalten. Am 31. Januar schließlich kapituliert Generalfeldmarschall Paulus – Stalingrad markiert den Wendepunkt im Zweiten Weltkrieg und läutet letztlich die Niederlage Deutschlands ein.

In der Nacht vom 1. auf den 2. März beginnen die Bombenangriffe der Alliierten auf Berlin, 65 000 Menschen werden schon in dieser ersten Nacht ausgebombt. Im August dann wird bei der Operation Gomorrha ein Feuersturm in Hamburg ausgelöst, rund 35 000 Menschen sterben. Am 18. Februar fragt Goebbels im Berliner Sportpalast: »Wollt ihr den totalen Krieg?« Am 22. Februar werden in München die Geschwister Scholl hingerichtet. Erst zwei Jahre später bringt der 8. Mai schließlich die bedingungslose Kapitulation Deutschlands. Der Krieg ist vorbei, Deutschland liegt in Trümmern. Im selben Jahr beginnen die Nürnberger Prozesse; 1947 wird erstmals das Tagebuch der Anne Frank, eindringliches und schließlich weltberühmtes Zeugnis der Schrecken des Krieges, veröffentlicht.

Auch wenn ich selbst viele Jahre nach seinem Ende zur Welt kam, so spielte der Krieg während meiner Kindheit in meiner Familie doch immer noch eine Rolle. Meine Mutter wurde auf der Flucht aus den Ostgebieten geboren, in Kolberg, dem heutigen polnischen Kołobrzeg. Meine Großmutter musste sich mit ihren beiden Kindern und ihrer eigenen Mutter auf die Flucht begeben, erzählte mir früher häufig, wie es war, wenn sie sich vor den Bomben verstecken mussten. Zuerst wurden sie nach Süddeutschland geschickt, wo sich meine Großmutter gar nicht wohlfühlte, weil sie das Meer vermisste. Später gelang es ihr dann, mit ihren Kindern und ihrer Mutter nach Norddeutschland umzusiedeln. Mein Vater und seine Familie hatten es weniger schwer: Er war in Oldenburg, ganz im Westen Deutschlands, aufgewachsen, einer Stadt, die im Krieg so gut wie gar nicht bombardiert wurde.

Am 25. Januar 1943 erblickt im Berliner Tiergarten-Krankenhaus Dagmar Berghoff das Licht der Welt.

CONSTANTIN SCHREIBER: **In Berlin geboren, mitten im Krieg. Fühlst du durch dieses Schicksal heute eine besondere Verbindung zu der Stadt?**

DAGMAR BERGHOFF: Nicht wirklich. Meine Eltern haben etwas außerhalb, in Köpenick, gewohnt. Aber als so kleines Kind kann man ohnehin noch keine besondere Bindung zu einem bestimmten Ort aufbauen. Das kam erst später, als wir nach Hamburg gezogen sind. Nichtsdestotrotz bin ich heute sehr gerne immer mal wieder in Berlin.

CS: **Ihr seid von Berlin nach Ahrensburg vor den Toren Hamburgs gezogen?**

DB: Über Umwege. Meine Eltern und mein Bruder Detlef wohnten zunächst in Frankfurt an der Oder, wohin sie 1944 aus Berlin geflohen waren. Ich habe, bis ich vier war, bei einer Tante in Nürnberg gelebt und kehrte erst dann zu meinen leiblichen Eltern zurück.

CS: **Wie kam es denn dazu?**

DB: Das weiß ich nicht.

CS: **Wie alt warst du genau, als du zu der Tante geschickt wurdest?**

DB: Etwas über ein Jahr. Das ist die erste Erinnerung überhaupt, die ich habe: dass ich in einem Zug sitze und wegfahre. Und dass ich Angst habe in dem schummerigen Licht. Wahrscheinlich stammt diese Erinnerung aus der Situation, wo ich auf dem Weg zu der Tante bin.

CS: **Wie war das Verhältnis zu deinen Eltern?**

DB: Vor allem das Verhältnis zu meiner Mutter war schwierig, weil ich irgendwann merkte, dass sie mich ablehnte. Sie war der Ansicht, ich sei nach der Geburt vertauscht worden. Dass ich nicht ihre richtige Tochter sei. Offenbar war ich ein dickes, nicht gerade hübsches Baby, und ich hatte eine kleine Missbildung an der Hand. Ich sei nicht ihr Kind, davon war meine Mutter überzeugt, und das hatte sie auch meinem Vater einzureden versucht – irgendwann mit Erfolg. Meine Mutter lebte in diesem Glauben bis zu ihrem Tod, mein Vater, bis meine Stiefmutter kam. Die sagte zu meinem Vater: »Schau dir doch ihr Lachen an, das ist das Lachen deiner Schwester!« Da war ich aber schon vierzehn.

CS: **Das klingt hart.**

DB: Ich kann mich erinnern, als ich fünf war, da waren wir mit dem Fahrrad unterwegs, meine Mutter und ich, und sind dabei umgekippt. Meine Mutter hat bitterlich um ihre Nylonstrümpfe geweint, während ihr völlig egal war, dass ich mir die Knie und Ellbogen aufgeschlagen hatte. Das Kind war ihr unwichtig. Das habe ich selbst als fünfjähriges kleines Mädchen gespürt.

CS: **Hatte dein Bruder auch so ein schwieriges Verhältnis zu euren Eltern?**

DB: Nein, bei ihm war alles gut. Er war der Sohn.

CS: **Wie hast du deine Umgebung in der Zeit nach 1945 erlebt? War alles noch vom Krieg gezeichnet?**

DB: Als wir in Ahrensburg lebten, habe ich keine großen Zerstörungen vom Krieg wahrgenommen, das war eigentlich eine ziemliche Idylle. Erst später, als ich vielleicht zehn war und wir hin und wieder nach Hamburg reinfuhren, habe ich all die zerstörten Häuser in der Stadt gesehen. Woran ich mich sehr gut erinnere, ist die Währungsreform 1949. Ich hatte nämlich damals einen Fünfmarkschein gefunden, der lag einfach so auf der Straße. Das war unglaublich viel Geld damals! Den habe ich meiner Mutter gegeben, die ganz aus dem Häuschen war, so sehr hat sie sich über diesen Glücksfund gefreut.

CS: **Welchen familiären Hintergrund hatten deine Eltern?**

DB: Mein Vater stammte aus einer sehr wohlhabenden Familie - mein Großvater Otto Berghoff war ein »hohes Tier« bei der Marine im Ersten Weltkrieg und meldete mehrere Patente für die Seefahrt an, seine Frau Wanda war die Tochter eines Fabrikanten, der zwei Fabriken für Seezubehör in Hamburg und in Berlin besaß. Mein Vater war das jüngste von fünf Kindern und wurde während des Zweiten Weltkriegs nicht eingezogen, weil er als Kind von der Schaukel gefallen war und sich so unglücklich ein Bein gebrochen hatte, dass er zeit seines Lebens zwar nicht humpelte, aber doch eingeschränkt war. Meine leibliche Mutter stammte aus einer Arztfamilie. Sie selbst war Sekretärin und schrieb Gedichte, die mein Vater nach ihrem Tod in einem Buch veröffentlichte. Die Familie meines Vaters wohnte in Wendenschloss in Berlin-Köpenick, direkt am See, dort ging man segeln oder machte Ausflüge. Sie führten ein luxuriöses Leben. Dann aber kam der Krieg, und beide Fabriken, die mein Vater hatte erben sollen, wurden zerstört. Am Ende des Krieges hatte mein Vater nichts mehr, gar nichts.

Er hielt uns über Wasser, indem er Dosendeckel verkaufte. Für ihn und unsere Familie war der Krieg die absolute wirtschaftliche Zäsur.

CS: **Wie muss man sich das vorstellen?**

DB: Wir waren sehr arm. In Ahrensburg wohnten wir in einer Baracke. Anfangs lebten dort noch drei weitere Familien, die aber nacheinander auszogen. Zurück blieben wir. Als ich in der Schule war, habe ich einmal mitbekommen, wie zwei Mitschüler an unserer Unterkunft mit dem Fahrrad vorbeifuhren, und der eine sagte: »Guck mal, in dieser Baracke wohnt Berghoff.« Gleichzeitig fand ich es als Kind eigentlich ganz gemütlich da drin, aber meine Spinnenphobie stammt sicherlich aus jener Zeit. Mein Bruder und ich teilten ein Doppelstockbett, ich schlief oben, mein Bruder unten. Eines Tages, ich war vielleicht elf, zeigte er zur Decke, und da saß eine dicke schwarze Spinne direkt über mir! Ich bin schreiend geflüchtet und habe seitdem Angst vor Spinnen. Ansonsten erinnere ich mich, dass es ständig nur Steckrüben zu essen gab, in jeder erdenklichen Art und Weise: als Marmelade, als Brotaufstrich, als Bratkartoffel-Ersatz. Pausenlos Steckrüben.

CS: **Wie lange habt ihr dort gewohnt?**

DB: Wir sind ausgezogen, als ich fast fünfzehn war. Als mein Vater unsere Stiefmutter kennengelernt hatte und wir dann Ahrensburg verließen, um nach Harburg zu ziehen.

CS: **Wie hast du diesen Schritt wahrgenommen?**

DB: Von da an ging es aufwärts, auch für meinen Vater. Er fand schließlich einen guten Job, war Personalchef in einer Ölfirma. Da konnten meine Eltern sich ein eigenes Haus leisten.

DIE FÜNFZIGER JAHRE

Wenn ich meine Eltern nach den fünfziger Jahren frage, fällt ihnen zuerst eines ein: das Wunder von Bern. Deutschland wird 1954 Fußballweltmeister! Für sie wie für viele Kinder ihrer Generation ein prägendes Ereignis. Meine Mutter weiß noch genau, wie sie gemeinsam mit anderen Kindern vor dem Schwarz-Weiß-Fernseher mitfieberte. Der Gewinn der Weltmeisterschaft – ein Symbol, dass es aufwärts ging in dem noch immer vom Krieg gezeichneten Land.

Überhaupt sehen die fünfziger Jahre den Beginn des Wirtschaftswunders. Die ersten sogenannten Gastarbeiter kommen nach Deutschland, und die Länder Europas machen sich Gedanken darüber, wie ein dauerhafter Frieden auf dem Kontinent erreicht werden kann: 1957 werden die Römischen Verträge unterzeichnet, es ist der Beginn der europäischen Einigung.

Zugleich führt der Kalte Krieg zu neuen Krisen und Stellvertreterkriegen, so in Korea und Indochina. Der Ost-West-Konflikt gewinnt an Schärfe: 1952 unterbreitet der sowjetische Machthaber Stalin dem Westen das Angebot, Ost- und Westdeutschland zu vereinigen, unter der Bedingung, dass das vereinigte Deutschland keinem Militärbündnis angehören würde. Die Regierung Adenauer ignoriert das

Angebot. Zudem erlebt die Welt den sogenannten Sputnikschock – den Start des ersten künstlichen Erdsatelliten Sputnik 1 durch die Sowjetunion.

Die jungen Menschen in Deutschland schauen derweil nach vorn, suchen Zerstreuung und Fortschritt. Man trifft sich in Milchbars, hört Musik aus Jukeboxen. Pärchen sitzen knutschend in Autokinos oder tanzen zu Rock 'n' Roll. Der Petticoat ist in, genauso wie der Nierentisch. John Steinbeck schreibt *Jenseits von Eden* – später verfilmt mit James Dean –, Günter Grass *Die Blechtrommel* und Hemingway *Der alte Mann und das Meer.* In vielen deutschen Küchen bereitet man »arabisches Reiterfleisch« zu, eine Phantasiebeschreibung für ein eigentlich herkömmliches Fleischgericht, das aber ungemein populär wurde. Derweil laufen im Kino große Hollywoodklassiker wie *Das Fenster zum Hof, Manche mögen's heiß* oder *… denn sie wissen nicht, was sie tun.*

1950 wird die ARD gegründet, die Arbeitsgemeinschaft der öffentlich-rechtlichen Rundfunkanstalten Deutschlands, und 1952 geht erstmals die *Tagesschau* auf Sendung. Gesendet aus einem Bunker am Hamburger Heiligengeistfeld, berichtet die allererste Meldung von einem Besuch Eisenhowers in Korea. Darüber hinaus werden Cocktailkleider für Abendempfänge gezeigt. Die älteste vollständig erhaltene *Tagesschau*-Aufzeichnung stammt übrigens erst aus den sechziger Jahren.

Nicht weit entfernt von dem Bunker, in dem die *Tagesschau* einst auf Sendung ging, erlebt in Hamburg die junge Dagmar Berghoff eine schwierige Kindheit.

CONSTANTIN SCHREIBER: **So weit mir bekannt ist, ist deine Mutter früh gestorben. Was genau ist passiert?**

DAGMAR BERGHOFF: Meine Mutter war manisch-depressiv und hat sich schließlich das Leben genommen. Sie hat sich vor einen Zug geworfen, als ich sieben Jahre alt war und mein Bruder Detlef sechs.

CS: **Oh, das wusste ich nicht.**

DB: Das kannst du auch nicht, denn ich habe es noch nie erzählt. Ich habe immer nur gesagt: Meine Mutter ist gestorben, als ich sieben war.

CS: **Wie kam es dazu?**

DB: Sie war vorher schon öfter im Krankenhaus gewesen wegen ihrer Depressionen. Und irgendwann hat sie das Leben wohl nicht mehr ertragen.

CS: **Wie blickst du heute auf den Tod deiner Mutter?**

DB: Vor allem eines will mir bis heute nicht in den Sinn: Wie kann sie ihren Mann und ihre zwei kleinen Kinder einfach zurücklassen? Das habe ich ihr nie verziehen. Und ich habe ihr auch nie die Art und Weise dieses Selbstmordes verziehen. Wie kann sie noch andere Menschen mit hineinziehen? Der arme Zugführer! Die armen Polizisten, die sie fanden!

CS: **Ich persönlich verstehe auch nicht, warum sich jemand auf diese Weise das Leben nimmt, aber wahrscheinlich kön-**

nen Menschen in dieser Situation und in der Depression nicht an andere denken.

DB: Als sich damals der Fußballer Robert Enke das Leben nahm, da kam das bei mir alles noch einmal hoch. Sicherlich ist dieser Schritt der Krankheit geschuldet, aber es gibt aus meiner Sicht viele Möglichkeiten, sich das Leben zu nehmen, ohne Unbeteiligte mit hineinzuziehen. Es muss für sie doch so schwer sein, damit weiterzuleben.

CS: **Wie hast du vom Tod der Mutter erfahren?**

DB: Durch meinen Vater. Der kam in dieser Nacht nach Hause zu mir ans Bett und umarmte mich verzweifelt. Er hat bei seiner kleinen siebenjährigen Tochter Halt gesucht und fürchterlich geweint. So habe ich letztlich davon erfahren. »Sie ist tot«, hat er gesagt. Das war ein ganz furchtbarer Augenblick.

CS: **Warst du bei ihrer Beerdigung?**

DB: Nein. Ich weiß es ehrlich gesagt nicht mehr, aber ich glaube nicht.

CS: **Wie hat dich diese neue Lebenssituation geprägt?**

DB: Das Verhältnis zu meinen Eltern hat mich sicherlich fürs Leben geprägt. Gerade später, als mein Bruder und ich alleine waren mit meinem Vater. Er war für mich unerreichbar. Ich hatte stets das Gefühl, er liebt mich nicht. Ständig habe ich versucht, seine Aufmerksamkeit zu erlangen. Etwa indem ich mir, wenn ich krank war, lauter Fragen ausdachte, damit er länger bei mir am Bett bliebe. Ich fühlte mich sehr allein als Kind. Obwohl da ja noch mein Bruder war. Mit dem habe ich mich aber immer gestritten – und wie! So laut, dass manchmal die Nachbarn vor der Tür standen. Dann aber, als ich 13 und er 12 war, rief ich mitten in einem solchen Streit: »Ich habe ein Feuer im Gehirn!« Woraufhin er antwortete: »Und ich bin das Streichholz, das dein Feuer anzündet.« Das hat sich mir tief eingeprägt, da war ich platt. Seitdem haben wir nicht mehr gestritten, sondern waren uns sehr nah.

CS: **Wie ging es weiter, nachdem deine Mutter sich das Leben genommen hatte?**

DB: Mein Vater war plötzlich alleinerziehend, fünf Jahre lang. Er arbeitete in Wilhelmsburg und war immer nur mittwochs, sonnabends und sonntags zu Hause. Die anderen Tage haben wir Kinder bei Tante Grethe gelebt, wie wir sie nannten. Das war eine ganz liebe Frau, die toll kochen konnte, aber der tanzten wir ganz schön auf der Nase herum. Später hatte mein Vater auch mal eine Freundin, die ich und mein Bruder aber vergrault haben. Einmal hatte er sogar eine Freundin mit Kind, die konnten wir überhaupt nicht ausstehen. Als ich zwölf Jahre alt war, lernte mein Vater schließlich meine Stiefmutter kennen. Sie war damals mit 25 Jahren noch sehr jung. Mein Bruder und ich haben sie sofort akzeptiert, weil sie so hübsch und so nett war und – ich will ehrlich sein – weil sie einen Süßwarenladen betrieb. Wenn ich so zurückblicke, denke ich, wir hatten ein ziemlich wildes Leben. Manchmal frage ich mich, wie mein wunderbarer Bruder bei alledem Arzt werden konnte und ich Moderatorin. Eigentlich hätten zwei völlig verkorkste Erwachsene dabei herauskommen müssen.

CS: **Wenn du an die Kindheit bei deinem Vater denkst, woran denkst du dann zuerst?**

DB: An rohe Leber *(lacht)*! Mein Vater brachte mittwochs immer rohe Leber mit, die wir dann essen mussten. Er selbst natürlich auch. Er hatte irgendwo gelesen, dass das die Abwehrkräfte stärke. Es war furchtbar – für alle Beteiligten.

CS: **Manche Menschen denken, Depressionen seien eine Art Wohlstandserkrankung. Die Menschen hätten zu viel Zeit, in sich hineinzuhorchen.**

DB: Ich glaube, gerade junge Menschen leiden unter Depressionen oder zumindest verzweifelten Gefühlen, weil sie verunsichert sind, weil sie Angst haben, Ansprüche nicht erfüllen zu können, weil sie gemobbt werden oder auf andere Art und Weise mit dem Leben nicht klarkommen. Früher gab es das genauso.

CS: **Wie erging es dir selbst in der Jugend?**

DB: Es war eine fast normale und zugleich schreckliche Zeit. Mir gingen die Haare aus. Mein Vater hat mich daraufhin zu einer Strahlentherapie geschickt, mit der das behandelt werden sollte. Außerdem waren meine Fesseln so dünn, dass ich ständig umknickte. Deshalb musste ich ab dem Alter von neun Jahren spezielle orthopädische Stiefel tragen. Bis ich vierzehn war! Das war nicht einfach. Noch dazu war mein Gebiss schief. Der Zahnarzt hatte mir daraufhin eine Zahnspange eingesetzt, aber nicht wie heute, wo das gar nicht groß auffällt. Also: Meine Mutter war tot, ich musste diese hässlichen Stiefel tragen, hatte eine riesige Zahnspange im Mund und auf dem Kopf dünne Haare. Ich war wirklich kein selbstbewusstes Kind! Aber ich bin meinem Vater sehr dankbar, dass er sich derart um seine angeblich nicht leibliche Tochter gekümmert hat.

CS: **Wie war das dann mit vierzehn, als du die Stiefel nicht mehr tragen musstest und die Schiene weg war?**

DB: Ich war überglücklich, dass ich zum ersten Mal Schuhe mit Absatz tragen durfte. Es war ein Miniabsatz, aber immerhin. Zu einem Schulfest damals. Das war ein großes Ereignis für mich – ich war so stolz! Damals war ich noch auf einer gemischten Schule, zusammen mit Jungs, und ich hatte meinen ersten Schwarm, den Schulsprecher. In der Pause lief man ja immer über den Schulhof, und lange Zeit wollte ich vermeiden, dass er mich sieht mit meinen medizinischen Stiefeln und der Spange im Mund. Aber dann musste ich mich nicht mehr vor ihm verstecken!

CS: **Wie haben dich deine Mitschüler damals wahrgenommen? Haben die gesagt: Wir wussten immer, aus dir wird etwas Besonderes?**

DB: Nein, überhaupt nicht. Irgendwann haben wir uns ohnehin aus den Augen verloren, denn wir sind umgezogen von Ahrensburg nach Harburg, und ich kam auf ein Lyzeum, ein reines Mädchengymnasium. Dort haben wir uns sehr gut verstanden. Die ersten Jahre nach dem Abitur gab es regelmäßige Klassentreffen, aber es passierte nicht viel Neues. Wir studierten halt alle, und dadurch löste sich der Verbund ein wenig auf. Wir sind uns erst wiederbegegnet durch die Sendung *Klassentreffen* mit Elke Heidenreich, ab da haben wir uns regelmäßig alle drei oder fünf Jahre getroffen.

CS: **Was ist aus deinen Mitschülerinnen geworden?**

DB: Wir waren achtzehn Mädchen, zwölf sind Lehrerinnen, vor allem für die Grundschule, geworden, weil das ein überschaubares Studium von drei Jahren war. Dann haben sie gearbeitet, geheiratet und Kinder bekommen. Eine wurde Politikerin in Saarbrücken, eine weitere Buchhändlerin, eine Immobilienmaklerin.

CS: **Googelst du manchmal Leute von früher?**

DB: Nein, eigentlich nicht. Und du?

CS: **Doch, manchmal. Dann erinnere ich mich plötzlich an alte Schulkameradinnen oder Schulkameraden und versuche herauszufinden, was die heute machen.**

DB: Manches bekomme ich natürlich auch so mit. Zum Beispiel war eine meiner Mitschülerinnen unglaublich begabt. Sie konnte wirklich alles auf allen Gebieten. Sie wusste nach dem Abitur gar nicht, was sie nun studieren sollte, so breit gefächert waren ihre Talente. Mit 29 Jahren bekam sie dann einen Hirnschlag. Sie musste alles von Grund auf neu lernen: gehen, sprechen, lesen, greifen. Jahre später war auch sie Gast in besagter Sendung *Klassentreffen*, zu der Mitschülerinnen und Mitschüler von Prominenten eingeladen wurden. Dass Gertrud kam, war wunderschön. Leider ist sie schon mit fünfzig gestorben. Heute veranstalten wir alle drei Jahre ein Abitreffen. Dieses Jahr wären wir wieder dran – 60 Jahre Abitur! –, aber es fiel wegen Corona leider aus. Mit der einen oder anderen Ehemaligen telefoniere ich auch ab und zu.

CS: **Zurück zu früher: Welche Erinnerungen an deine Jugend hast du noch?**

DB: Wie ich schon erwähnte, sind mein Bruder und ich sehr wild aufgewachsen. Als Jugendliche war ich mit einer großen Clique unterwegs, eine muntere Truppe. Damals habe ich auch meine erste Zigarette probiert. Schmeckte überhaupt nicht! Ansonsten war ich total unzufrieden mit mir und mit meiner Figur. Ich war abwechselnd dünn und dann wieder ganz dick, und wenn ich ganz dick war, habe ich mir das wieder abgehungert. Ich kann mich erinnern, dass meine Stiefmutter häufig Grießpudding für uns gekocht hatte. Der wird ja bekanntlich über Nacht dicker. Nun, bei uns wurde der Grießpudding immer dünner, weil ich davon naschte und die Schüssel hinterher mit Wasser auffüllte. Meine Stiefmutter hat sich immer gewundert, wie das passierte. Das hat erst aufgehört, als ich in England war und nicht mehr heimlich naschen konnte. Von da an blieb ich meistens schlank.

CS: **Du hast erwähnt, dass du eine kleine Fehlbildung an der Hand hast.**

DB: Ja, an der linken. Vor etwa zehn Jahren habe ich mit einem Journalisten darüber gesprochen. Dass ich nun einmal so geboren bin. Den kannte ich sehr gut, sonst hätte ich das nicht so offen erzählt. Ich hatte nicht damit gerechnet, dass er das veröffentlichen würde. Das geschah ohne meine Zustimmung, und ich habe den Kontakt zu ihm seitdem auch abgebrochen.

CS: **Verständlich. Hat es denn sonst in deinem Leben eine Rolle gespielt?**

DB: **Eigentlich nicht. Mich hat es nie gestört. In der Grundschule hat mal einer gerufen: »Guck mal, was die da hat!« Damit war die Sache durch. Bei der *Tagesschau* wussten alle Kollegen davon, und manche Journalisten von anderen Medien auch – aber sie schrieben nie darüber.**

CS: **Es war nie Thema?**

DB: Eigentlich nie. Bei der Aufnahmeprüfung zur Schauspielschule wollte ich es vorher ansprechen und habe es dann vor lauter Aufregung vergessen. Ich habe die Prüfung also gemacht und bestanden. Wenig später, während der Ausbildung, sollte ich auf der Bühne eine Szene spielen, ohne etwas zu sagen, nur mit Körpersprache. Auch dabei fiel es nicht auf. Hinterher erzählte ich es Eduard Marks, dem Leiter der Schauspielschule. Er sagte zu mir: »Das haben wir bei der Aufnahmeprüfung nicht gesehen, sonst hätten wir dich gar nicht aufgenommen. Aber jetzt darfst du bleiben.«

CS: **Das finde ich aber schockierend!**

DB: Ja, heute würde man vielleicht sagen: Irre, deswegen jemanden abzulehnen. Aber schon damals hatte man genug Auswahl an jungen Leuten, die sich bewarben. Und die Lehrer, selbst alle Schauspieler, wussten, wie schwer es ist, in diesem Beruf Fuß zu fassen und vielleicht sogar Karriere zu machen. Wie sehr Zufälle und Glück dabei eine Rolle spielen – nicht nur die Begabung. Hätten sie diesen meinen körperlichen »Fehler« sofort bemerkt, hätten sie mich schlichtweg schützen wollen vor Enttäuschungen und einem steinigen Weg, der vielleicht nie zum Erfolg geführt hätte.

CS: **Dann gab es also diesen Bericht, der das mit deiner Hand öffentlich machte. Wie waren denn die Reaktionen darauf?**

DB: Einmal schrieb mir ein Vater, dessen kleine Tochter ähnlich betroffen war, wie sehr sie unter diesem Umstand leiden würde. Daraufhin habe ich ihr in einem langen Brief geantwortet, dass es nicht darauf ankommt, wie viele Finger sie hat, sondern was sie im Kopf und im Herzen hat.

DIE SECHZIGER JAHRE

In den frühen sechziger Jahren beginnt die Dekolonisation Afrikas: Belgisch-Kongo wird überhastet in die Unabhängigkeit entlassen, es folgen die sogenannten Kongo-Unruhen, in deren Zusammenhang der Freiheitskämpfer Patrice Lumumba grausam ermordet wird und Langzeitdespot Mobutu an die Macht kommt. Frankreich zieht sich aus Algerien zurück. Nach und nach folgen fast alle weiteren kolonialen Besetzungen diesem Beispiel, mit Ausnahme der portugiesischen Kolonien Angola, Mozambique, Guinea-Bissau und São Tomé, die erst Mitte der siebziger Jahre ihre Unabhängigkeit erhalten. Daneben gibt es noch bis heute einzelne versprengte Regionen, die Teil einer der ehemaligen Kolonialmächte sind, Inseln in der Karibik etwa oder auch Französisch-Guayana, Réunion und die Bermudainseln.

In der Nacht zum 13. August 1961 beginnt die Führung der DDR mit dem Bau der Berliner Mauer – nachdem nur wenige Wochen zuvor, am 15. Juni 1961, der Staatsratsvorsitzende Walter Ulbricht noch erklärte: »Niemand hat die Absicht, eine Mauer zu errichten!«

In der Nacht vom 16. auf den 17. Februar 1962 erlebt Hamburg eine historische Sturmflut: 340 Menschen sterben, als die Deiche brechen und weite Teile der Stadt überschwemmt werden.

In den USA erlebt derweil die Bürgerrechtsbewegung, das *civil rights movement*, seine Hochphase. Zehntausende beteiligen sich 1963 am Marsch nach Washington, im Zuge dessen Martin Luther King seine historische »I have a dream«-Rede hält. Später im Jahr fällt King einem Attentat zum Opfer – ebenso wie der junge US-Präsident John F. Kennedy. Zwei Verbrechen, die das Land und die Welt in einen Schockzustand versetzen.

1965 werden die USA direkte Kriegspartei im Vietnamkrieg, nachdem sie bis dahin Südvietnam im Kampf unterstützt haben. Zehn lange Jahre kämpfen die US-Truppen fortan in dem südostasiatischen Land, bis 1975 Saigon von den Nordvietnamesen erobert wird und die USA ihre bis dahin größte militärische Niederlage erleiden. Das Bild, wie verzweifelte Menschen vom Dach der US-Botschaft in Saigon buchstäblich in letzter Minute mit dem Helikopter in Sicherheit gebracht werden, geht um die Welt, ebenso wie das erschütternde Foto des Mädchens Phan Thị Kim Phúc, das nackt und vor Schmerzen schreiend nach einem Napalm-Angriff der US-Truppen flieht.

Der Widerstand in Teilen der US-Gesellschaft gegen den Vietnamkrieg ist Ursprung der Flower-Power-Bewegung: So sind die Sechziger auch das Jahrzehnt der Hippies, die sich 1969 etwa zum legendären Woodstock-Festival treffen. Die Bürgerrechtsbewegung in den USA und der Protest gegen den Vietnamkrieg wirken zudem als Treiber der 68er-Bewegung, die auch in Deutschland zu einem tiefgreifenden gesellschaftlichen Wandel führt. Minirock, Bikini, sexuelle

Revolution, Feminismus, Beatles – sie alle stehen ikonisch für die Errungenschaften dieser Ära.

In China initiiert Mao Zedong ab 1966 die sogenannte Kulturrevolution, mit der er kapitalistische, bürgerliche und traditionalistische Bestrebungen unterbinden will, die jedoch ihrerseits in Menschenrechtsverletzungen ausartet, die bis zu 20 Millionen Menschen das Leben kosten. China ist zu dieser Zeit eines der ärmsten und am wenigsten entwickelten Länder der Welt.

Am 20. Juli 1969 landet Apollo 11 auf dem Mond, rund 600 Millionen Menschen verfolgen die Sensation weltweit am Fernseher, die damit zu einem wahrhaft globalen Ereignis wird. Apropos Fernsehen: Da läuft *Bonanza* und wird zur Kultserie, *das aktuelle sportstudio* und die *Sportschau* gehen auf Sendung, ebenso die *ZDF-Hitparade*. Ab 1966 läuft samstagabends nach der *Tagesschau* die Serie *Raumpatrouille – Die phantastischen Abenteuer des Raumschiffs Orion* und erreicht Rekordeinschaltquoten von bis zu 56 Prozent. Die Einführung des Farbfernsehens im Jahr darauf stößt auf Begeisterung.

Auch auf der großen Leinwand geht es bunt zu: Italowestern, James Bond und Edgar Wallace locken das Volk in die Kinos, *Psycho*, *Die Vögel* und *Spiel mir das Lied vom Tod* feiern Premiere, aber auch *Frühstück bei Tiffany* und *Der rosarote Panther*.

Zu dieser Zeit geht Dagmar Berghoff hinaus in die Welt, nach Großbritannien und Frankreich, ehe sie schließlich zum Studium an der Schauspielschule nach Hamburg zurückkehrt. Erst jetzt beginnt sie zu leben, sagt sie.

CONSTANTIN SCHREIBER: **Stimmt es, dass du nach der Schule jeweils ein Jahr in Paris und ein Jahr in London warst?**

DAGMAR BERGHOFF: Ja, das ist richtig. Ich habe mit neunzehn Abitur gemacht und bin gleich danach als Au-pair nach England gegangen. Ich hatte kein Geld und wollte Schauspielerin werden. Damals war man allerdings erst mit einundzwanzig volljährig, und ich musste die Zeit überbrücken, bis ich tun und lassen konnte, was ich wollte. Mein Vater war strikt gegen die Schauspielerei, war sehr streng, und Abitur war Pflicht. Ihm wäre am liebsten gewesen, dass ich anschließend ins Büro gehe, Chefsekretärin werde und gut versorgt bin. Das hätte ich wahrscheinlich sogar gar nicht schlecht gemacht, denn ich kann gut organisieren *(lacht)*. Jedenfalls habe ich dann Abitur gemacht mit zwei Komma noch etwas. Mein Notendurchschnitt wurde durch meine Fünf in Turnen stark nach unten gezogen. Ich konnte zwar gut Gymnastik, aber Reck, Pferd – das war mir ein Graus. Auch diese Ringe – schrecklich. Das waren alles unüberwindbare Hürden für mich. Oder der Hundertmeterlauf: Mein Kopf war längst am Ziel, während mein Körper sich noch irgendwo bei 75 Metern abmühte. Wie dem auch sei, am Ende war ich meinem Vater dennoch dankbar, dass er mich zum Abitur gedrängt hat.

CS: **Und wie war dann die Zeit in England?**

DB: In England lief es gar nicht gut für mich. Ich war bei der Familie kein Au-pair, sondern eine Magd, ein Dienstmädchen. Ich musste um halb sieben meinen Gasteltern den *early morning tea* ans Bett bringen und habe bis nachts abgespült. Dazu musste ich ein Häubchen und eine Schürze tragen und »Madam« und »Sir« sagen. Freigegeben haben sie mir nur einen Tag in der Woche, donnerstags von zehn bis zehn. Ich hatte eine Privatlehrerin, bei der ich Englisch lernte, aber es ergab sich kein Kontakt zu anderen jungen Leuten. Bis ich einen Kadetten von der Militärakademie Sandhurst kennenlernte und zu einem Fest eingeladen wurde, bei dem ich sogar mit Prinz Michael von Kent getanzt habe. Als ich das meinen Gasteltern erzählte, waren die darüber richtig sauer, weil sie selbst keinerlei Verbindungen zu adligen Kreisen hatten. Die Leute waren sehr reich. Am Anfang hatten sie mich mit einem Tennisplatz und einem Pool gelockt, aber es stellte sich ziemlich schnell heraus, dass ich als »Gesinde« beides gar nicht nutzen durfte. Also beschloss ich wegzugehen.

CS: **Was hast du anschließend gemacht?**

DB: Ich bin nach Frankreich weitergezogen und landete dort bei einer Familie, die das glatte Gegenteil von der in London war. Es war phantastisch! Sie wohnten in einer riesigen Altbauwohnung in der Avenue Franklin Roosevelt, ich hatte mein eigenes Zimmer, und es gab eine Tochter in meinem Alter. Sie haben mich mit in den Urlaub nach Südfrankreich genommen und mir Zeit gelassen, die Sprache zu erlernen. Das Einzige, was mich störte, war, dass sie ständig von Karin, dem Au-pair vor mir, schwärmten *(lacht)*. Als ich wieder in Deutschland war, habe ich einen Aushilfsjob bei der Post angefangen. Bald darauf erreichte mich eine traurige Nachricht: Francine, die Tochter, mit der ich mich angefreundet hatte, war bei einem Autounfall ums Leben gekommen. Sie war erst neunzehn Jahre alt. Jahre später habe ich die Avenue Franklin Roosevelt einmal wieder besucht, als ich in Paris meine Sendung *Zirkus von morgen* aufnahm, aber da lebte die Familie nicht mehr in der Wohnung. Die Verbindung war abgerissen.

CS: **Was ist eigentlich aus dem englischen Kadetten geworden?**

DB: Nichts. Ich war damals viel zu jung und wollte bei weitem nicht so viel von ihm wie er von mir.

CS: **Welche Verbindungen hast du heute noch nach London und Paris?**

DB: Ich bin weiterhin sehr gern in Paris. Nach meiner Aupair-Zeit dort habe ich sogar Stadtführungen angeboten, so gut kannte ich mich aus. Nebenbei hatte ich einen Job bei der *Encyclopædia Britannica.* Ich musste Leute anrufen und auf Deutsch, Französisch oder Englisch versuchen, ihnen die Enzyklopädie zu verkaufen. Da waren vielleicht Typen dabei! Mitunter hat einer im Morgenmantel und mit einer Flasche Champagner im Arm die Tür geöffnet, wenn wir die Bestellung vorbeibrachten. Sprachen sind mir immer unglaublich leichtgefallen. Aber ich wollte so unbedingt Schauspielerin werden, das hat alles andere immer dominiert.

CS: **Deswegen bist du auch zurück nach Hamburg gekommen.**

DB: So ist es. Ich wollte unbedingt auf eine staatliche Schauspielschule gehen, weil die kostenlos war, und ich war wild entschlossen, die Aufnahmeprüfung gleich im ersten Anlauf zu schaffen. Ich bin also nach zwei Jahren zurück nach Hamburg gekommen, ohne meine Eltern, also meinen Vater und meine Stiefmutter, zu informieren – aber wir hatten ohnehin keinerlei Verbindung während meiner Auslandsjahre. Ich habe lediglich meinen Bruder eingeweiht, bin bei einer Schulfreundin untergekommen, habe die Prüfung gemacht und tatsächlich bestanden. Als Überraschung bin ich bei meinen Eltern aufgetaucht – nach zwei Jahren! Die haben nach dem ersten Schreck das gute Geschirr, das für Gäste, auf den Tisch gestellt.

CS: **Welche Rolle hat dein Vater bei diesem Erfolg gespielt?**

DB: Wenn er damals gesagt hätte: Komm, Kind, ich zahle die die Schauspielschule – was er sich gar nicht hätte leisten können –, dann hätte ich niemals solch einen Willen entwickelt, das trotz aller Widrigkeiten durchzuziehen. Ich bin daraus sehr gestärkt hervorgegangen.

CS: **Wie ist es dir dann in Hamburg ergangen?**

DB: Ich habe nach dem Abitur von zu Hause nie Geld bekommen und auch nicht gewollt. In England und Frankreich hatte ich zusammen 500 Mark gespart. Davon lebte ich, als ich zurück in Hamburg war. Ich konnte in Fuhlsbüttel umsonst wohnen, wofür ich aber einmal in der Woche bei der Familie putzen musste. Das waren ganz entzückende Leute, die genau mitbekamen, wie wenig ich hatte. Manchmal sagten sie: »Du hast doch gar nichts gefrühstückt, komm und setz dich zu uns!« Natürlich mussten noch andere Jobs her: Abwaschen im Altonaer Bahnhof etwa oder Post austragen. Das war schrecklich – einmal hatte es stark geregnet, und mir ist das Rad umgekippt. Ansonsten habe ich in einer Käsefabrik gearbeitet und nachts in einer Bar hinterm Tresen gestanden. Auch nicht schön. Ich hatte Anweisung, die Männer zu unterhalten, damit die nach dem ersten Whiskey oder Bier noch etwas bestellten. Das fiel mir schwer. Alles nur, um Geld zu verdienen, und es reichte trotzdem nicht – irgendwann war mein ganzes Geld aufgebraucht.

CS: **Was geschah dann?**

DB: Eduard Marks, der Leiter der Schauspielschule, hatte davon Wind bekommen und ein Stipendium für mich bei der Patriotischen Gesellschaft beantragt. Und tatsächlich, ab dem zweiten Jahr bekam ich das Stipendium. 300 Mark im Monat! Von da an wurde es besser. Ich holte das Geld immer gemeinsam mit einem jungen Sänger ab, der auch ein Stipendium erhalten hatte. Eine Mark haben wir genommen, um Lotto zu spielen, aber wir haben nie etwas gewonnen. Immerhin: Als ich das Stipendium bekam, habe ich als Allerserstes den Putzjob an den Nagel gehängt und lieber 80 Mark Miete bezahlt *(lacht)*.

CS: **Auch das klingt nach einer harten Zeit.**

DB: Ja und nein. Mein Leben fing auf der Schauspielschule erst richtig an! Davor habe ich gar nicht wirklich gelebt. Aber nun kam ich meinem Traum, Schauspielerin zu werden, jeden Tag ein Stück näher. Das hat mir sehr viel Kraft gegeben.

CS: **Warum eigentlich Schauspielerin? Um die große, weite Welt zu sehen?**

DB: Es ging mir nicht um Ruhm. Ich wollte in Rollen schlüpfen, sozusagen meine eigene Haut ablegen und ein anderes Leben darstellen.

CS: **Vielleicht, weil du damals mit deinem Leben nicht zufrieden warst?**

DB: Küchenpsychologisch würde das sicherlich Sinn ergeben.

CS: **Dein Berufswunsch stand schon sehr früh fest?**

DB: Ich wusste schon mit neun, dass ich Schauspielerin werden wollte. Ein paar andere Kinder, mein Bruder und ich haben den Eltern kleine, selbst ausgedachte Stücke vorgespielt für 10 Pfennig Eintritt. Mit fünfzehn wurde der Wunsch stärker, als ich in einer Theater-AG war und schon kleine Rollen spielte wie die Frau Marthe im *Urfaust* – nicht das Gretchen – oder die Gouvernante in *Léonce und Lena* – nicht die Prinzessin. Immer nur Nebenrollen. Die Hauptrollen bekam eine ältere Mitschülerin. Bis sie endlich Abitur machte: Ab da gingen die Hauptrollen an mich! Zum Beispiel die chinesische Prinzessin bei Max Frisch.

CS: **Und spätestens da war klar: Schauspielschule!**

DB: Genau. Ich war mir nur nicht sicher, ob ich begabt genug war. Damals habe ich Rilkes *Briefe an einen jungen Dichter* gelesen, darin sagt er dem jungen Dichter, du musst das tief in dir drin fühlen, ob du das kannst und ob du begabt genug bist. Ich habe damals lange Spaziergänge in den Wäldern von Harburg unternommen und mich gefragt: Fühle ich das wirklich, kann ich das wirklich?

CS: **Und dann?**

DB: Als ich fünfzehn war, hatte ich in der Zeitung gelesen, dass Joseph Offenbach, ein damals berühmter Schauspieler am Schauspielhaus, Unterricht gibt. Ich habe ihm geschrieben und gefragt, ob ich einmal vorsprechen dürfe. Und der berühmte Joseph Offenbach antwortete mir tatsächlich und lud mich ein! Da bin ich ohne das Wissen meiner Eltern heimlich hingefahren und habe auf der heiligen Probebühne des noch heiligeren Schauspielhauses in Hamburg vorgesprochen. Ich war total aufgeregt, denn ich wusste ja gar nicht, wie Vorsprechen überhaupt geht. Ich habe mir überlegt, was er wohl sehen möchte. Emotionen und Ausdruck, dachte ich mir, Lachen, Weinen und Schreien, drei Szenen.

CS: **Welche drei Szenen hattest du einstudiert?**

DB: Die Eve aus dem *Zerbrochnen Krug*, um das Lachen zu zeigen. Dann das Gretchen, etwas Ernstes, Inbrünstiges, fast zum Weinen. Dann noch Elektra aus Sartres *Die Fliegen*, wo ich schreien musste.

CS: **Anspruchsvoller Stoff für das Alter.**

DB: Das stimmt. Schreien fiel mir übrigens am schwersten. Weinen war die einfachste Übung, Lachen ging auch. Aber Schreien war schwierig. Das hatte ich vorher immer zu Hause im Keller geübt, mit Handtüchern vorm Gesicht, damit diese die Schreie dämpften. Viel später hat meine Mutter mir erzählt, dass sie mich trotzdem gehört hatten.

CS: **Wie fiel das Urteil von Joseph Offenbach aus?**

DB: Offenbach sagte mir: Du bist sehr begabt. Aber ich möchte, dass du Abitur machst und erst anschließend auf die Schauspielschule gehst oder bei mir Unterricht nimmst.

CS: **Nach drei Jahren war die Schauspielschule schließlich vorbei. Was war im Anschluss deine erste Rolle?**

DB: Das war Olga aus der *Lustigen Witwe* und im *Drosselbart* die Prinzessin, beides in Tecklenburg bei Münster, eine Freilichtbühne, aber wir mussten spielen, egal wie das Wetter war. Freitags, sonnabends und sonntags gab es Aufführungen.

CS: **Kein Dach? Und wenn es regnete?**

DB: Wir mussten auf die Bühne, ob es regnete oder nicht. Bei Regen galt es, bis zur Pause durchzuhalten, damit das Publikum sein Geld nicht zurückfordern konnte. Ich kann mich an ein Mal erinnern, als es schüttete wie aus Kübeln. Ich spielte die Prinzessin im *Drosselbart*, und die Ringellocken hingen mir nachher bis zur Hüfte, und aus dem Korb mit dem Geschirr, den ich tragen musste, spritzte nur so das Wasser. Damals habe ich zum ersten Mal einen Lachanfall vor Publikum bekommen, weil es so absurd und komisch war.

CS: **Und wie erging es den Gästen?**

DB: Die saßen ebenfalls im Regen. Heute ist Tecklenburg zumindest für das Publikum überdacht.

CS: **Das klingt ganz schön anstrengend.**

DB: Ach, ansonsten war Tecklenburg entzückend. Da stand ein großer Apfelbaum, unter dem sich die Kantine befand. Das war richtig romantisch. Es war eigentlich genau so, wie man sich das als junge Schauspielerin vorstellt. Man war Teil eines tollen Teams in dieser romantischen Umgebung und spielte. Aber Ende 1967 ging ich dann nach Baden-Baden zum damaligen SWF.

CS: **Wie kam es dazu?**

DB: Am Ende der Schauspielzeit mussten wir alle eine Rundfunkprüfung absolvieren, bei der ich durchfiel. Der Leiter des Besetzungsbüros hatte mich bei der Prüfung aufgefordert, normaler zu sprechen, nicht in dieser Bühnensprache. Ich wusste gar nicht, was er meinte. Später übrigens, als ich bei der *Tagesschau* war, traf ich ihn wieder: »Sie haben mich damals durchfallen lassen!«, sagte ich. Er: »Ich? Niemals! Ich erkenne Talente!«

Trotz dieser Niederlage sprach ich beim SWF noch einmal vor. Aus Jux, denn ich hatte bereits ein Engagement an einem Theater in Münster. Bei diesem Vorsprechen jedenfalls sollte ich mir eine Programmvorschau ausdenken. Also sang ich lauthals »Komm ein bisschen mit nach Italien« – als Vorschau auf eine Unterhaltungssendung. Und habe versucht, bei »meinem« Hörspiel *Das Bein des Einarmigen*, das ich mir zu diesem Anlass ausgedacht hatte, ein wenig Horror zu verbreiten – mit einem gellenden Schrei zum Schluss. Der SWF-Chefsprecher Elmar Bantz fand das wohl so komisch, dass er mich nach Baden-Baden einlud, um auch als Fernsehansagerin getestet zu werden. Zusammen mit Alexandra übrigens, die ihre Gitarre dabeihatte und im Grunde nur Sängerin sein wollte. Der Chefsprecher stellte ihr damals eine Verbindung zu einem Musiklabel in Hamburg her, dort machte sie bald darauf Karriere. *Mein Freund, der Baum* war immer eines meiner Lieblingslieder von ihr.

Der SWF wollte mich als Rundfunksprecherin, Moderatorin und Fernsehansagerin, erst mal fürs Dritte Programm. Ich dachte, okay, ich lerne das schnell, und dann gehe ich nach Münster zum Theater. Münster war tatsächlich bereit, ein Jahr auf mich zu warten. Aber dann blieb ich – blieb unterm Strich acht Jahre lang in Baden-Baden und habe Rundfunk und Fernsehen von der Pike auf gelernt. Zum Beispiel dass das Radio ganz andere Bedingungen kennt als die Bühne. Es gibt nur ein Mikro, eine Lampe und einen Hörer, zu dem du redest. Da kannst du nicht d-e-u-t-l-i-c-h wie im großen Theatersaal auftreten, sondern musst viel nahbarer sein.

CS: **Wie hast du diese Transformation von der Schauspielerin zur Fernsehfrau erlebt?**

DB: Das war schon ein großer Schritt. In der Schauspielschule war man übrigens entsetzt, dass ich dahin ging. Das tat man damals nicht – die Bühne war das hehre Ziel! Radio und Fernsehen waren 1967 bei meinen Lehrern verpönt. Dann aber, drei oder vier Jahre später, kamen die ersten ehemaligen Mitschüler von der Schauspielschule und fragten, ob ich sie nicht vermitteln könne. Bei zweien ist mir das gelungen. Ansonsten war es natürlich so, dass ich vieles noch mal ganz neu lernen musste. Ich fing klein an. Als Neue hatte ich am Anfang vor allem Frühdienste, die um fünf anfingen, mit kurzen Ansagen: »Ich schaue mal für Sie auf die Uhr, es ist jetzt fünf Minuten nach fünf.« Später dann durfte ich vierstündige Radiosendungen moderieren, aber das war eine lange Entwicklung.

CS: **Man sagt ja, dass Frauen früher doch sehr auf die Optik reduziert wurden – jung und hübsch als Voraussetzung für eine TV-Karriere. War das wirklich so?**

DB: Ja, das war so. Es gab früher eine Fernsehansagerin in Stuttgart, die hieß Dagmar Bergmeister. Als ich klein war, habe ich immer den zweiten Teil ihres Namens, wenn der in der Zeitung auftauchte, zugehalten und im Spaß gesagt: Guck mal, wer hier steht! Später waren wir dann quasi Kolleginnen, sie war da natürlich schon älter. Sie trug eine Perücke und fragte irgendwann in der Kostümabteilung nach einer neuen. Die wurde ihr tatsächlich verweigert mit der Ansage: »In ein altes Haus baut man doch keinen neuen

Dagmar Berghoff an Weihnachten 1949 im Alter von fast sieben Jahren

Bewerbungsfoto für das Theater aus dem Jahr 1966

Dagmar Berghoff als Lola, Marlene Dietrichs Rolle in *Der blaue Engel*

Dagmar Berghoff mit Freddy Quinn 1985

6. November 1987: Prinz Charles und Prinzessin Diana besuchen die *Tagesschau*. Neben Dagmar Berghoff sind außerdem im Bild der damalige Chefredakteur Edmund Gruber und der damalige stellvertretende Chefredakteur Heiko Engelkes.

Mit Raissa und Michail Gorbatschow bei deren Besuch 1992 in Hamburg

Dagmar Berghoff 1984 mit Max Schautzer, ihrem Co-Moderator des *ARD Wunschkonzerts*

Mit Heidi Kabel 1995 bei einer privaten Geburtstagsfeier

1987 mit Heino im Rahmen eines *ARD Wunschkonzerts*

Im Hörfunkstudio von NDR 90,3 bei einer Sonntagssendung

Dagmar Berghoff 1992 in Las Vegas

Dagmar Berghoff mit ihrem Ehemann Peter »Pit« Matthaes 1991 auf einer China-Reise in der Verbotenen Stadt in Peking

Auf einer Dubai-Reise über Weihnachten und Silvester 1995

Dagmar Berghoff 2001 auf einer Reise für terre des hommes in einem Kinderhort in Mosambik. Von 1997 bis 2007 war sie Schirmherrin der Organisation.

Dagmar Berghoff zusammen mit Rudi Carrell und Uwe Seeler beim Promifußball des NDR 1989 auf Sylt

Feierliche Begegnung mit dem damaligen Bundespräsidenten Richard von Weizsäcker anlässlich der 20. Verleihung der Goldenen Kamera am 23. Februar 1985 in Berlin

Ofen mehr.« Wie menschenverachtend! Das Verfallsdatum bei Fernsehansagerinnen lag damals bei Mitte oder Ende vierzig!

CS: **Fernsehansagerin klingt heute ja ohnehin wie etwas aus einer ganz anderen Zeit.**

DB: Damals war es ein äußerst begehrter und respektierter Beruf. Die Fernsehansagerinnen waren geradezu Berühmtheiten im Land. Ich war nun beim Südwestfunk Radiomoderatorin und später im Fernsehen die Hauptansagerin, hatte dort aber eigentlich nur die Aufgabe, hübsch zu sein und das Programm zu verkünden.

CS: **Hat dir das gereicht?**

DB: Nein! Ich habe auch immer wieder diskutiert, etwa als ich einmal nur ankündigen sollte: »Jetzt: Report vom Südwestfunk.« Ich bin zum Chef gegangen und habe ihm gesagt, da könne er besser ein Schild hinstellen. Ich wirke doch als eine Art Gastgeberin des Senders, da muss ich das doch etwas verbindlicher präsentieren dürfen, einen guten Abend wünschen, schon einmal die Themen der Sendung nennen!

CS: **Hast du dich damit durchgesetzt?**

DB: Ja, das habe ich.

CS: **Ein anderer Gedanke zum Thema Optik und Äußeres: Hast du Verständnis dafür, wenn Männer oder Frauen, ins-**

besondere wenn sie vor der Kamera stehen, etwas an sich machen lassen?

DB: Ja, das kann ich gut verstehen. Ich habe ja selbst meine Augen operieren lassen, als ich Anfang vierzig war. Das ist aber fürchterlich schiefgelaufen, seitdem habe ich schräge Falten unter den Augen. Ein Jahr später hat man in einer zweiten OP versucht, das zu korrigieren, ohne Erfolg. Trotzdem, ich kann das verstehen. Gerade bei Frauen, die vor der Kamera immer toll aussehen sollen. Die Kamera ist unerbittlich! Man sieht jeden Pickel und jede Falte. Und dann zoomt man manchmal so nah an die Gesichter, ich verstehe gar nicht, warum die das machen! So nah wie auf dem Schirm komme ich im echten Leben an kein Gesicht heran.

CS: **Hast du denn nach dieser schlechten Erfahrung noch mal etwas gemacht?**

DB: Manchmal lasse ich mir Botox in die Stirn spritzen. Darüber hinaus habe ich Angst vor zu viel Veränderung. Aber Botox ist unproblematisch – außer vielleicht, man bekommt zu viel. Im Übrigen ist das ja immer verbreiteter, auch unter Männern.

CS: **Du findest es offenbar in Ordnung, über dieses Thema zu sprechen.**

DB: Ja. Früher hat man sich geniert und hätte niemals zugegeben, dass man etwas hat machen lassen. Heute hat man einen anderen Umgang damit. Ich finde es inzwischen viel eigenartiger, wenn eine Frau behauptet, sie habe so glatte Haut, weil sie fünf Liter Wasser am Tag trinkt und eine Ananas isst.

CS: **Hat man dich denn, was dein Äußeres betrifft, jemals aktiv unter Druck gesetzt?**

DB: Nein, gar nicht. Den Druck habe ich mir selbst gemacht.

DIE SIEBZIGER JAHRE

Das Jahrzehnt beginnt mit einer symbolträchtigen historischen Geste: 1970 läutet der deutsche Bundeskanzler Willy Brandt mit dem Kniefall zu Warschau eine neue Ostpolitik ein. Das Europäische Naturschutzjahr gilt zudem als Beginn der modernen Umweltbewegung, die in den folgenden Jahren an Anhängern gewinnen soll. Ab Mitte der siebziger Jahre wird dann auch die Anti-Atomkraft-Bewegung politisch relevant.

1972 finden in München die Olympischen Sommerspiele statt, überschattet vom sogenannten Olympia-Attentat: Palästinensische Terroristen nehmen elf Mitglieder der israelischen Olympiamannschaft als Geiseln und ermorden sie später. Fünf der Geiselnehmer und ein Polizist kommen bei diesem tragischen Ereignis ebenfalls ums Leben.

Ab 1973 setzt die sogenannte Ölkrise den westlichen Staaten schwer zu und verursacht in vielen Länder eine Rezession: Die arabisch dominierte OPEC drosselt die Ölproduktion wegen des Jom-Kippur-Kriegs und der westlichen Unterstützung Israels. Infolgedessen schießt der Ölpreis um 70 Prozent in die Höhe und verteuert sich in den folgenden Jahren weiter massiv.

1975 kommt es zum Ausbruch des libanesischen Bürgerkriegs, in dem sich vor allem muslimische, palästinensische und linke Gruppen der Libanesischen Front aus christlichen, speziell maronitischen Truppen gegenüberstanden. Der bis 1990 andauernde Krieg forderte Zigtausende Todesopfer.

Ab Mitte der siebziger Jahre treten in vielen europäischen Städten immer mehr Punks in Erscheinung: Ausgehend von Großbritannien, wo vor allem junge Menschen mit bewusst provozierendem Auftreten gegen das Establishment rebellieren, findet diese Jugendkultur auch bald ihren Weg nach Deutschland.

Das Jahr 1977 wird in Deutschland durch die sogenannte zweite Generation der RAF zum Krisenjahr. Generalbundesanwalt Buback und der Vorstandssprecher der Dresdner Bank Ponto werden von den Terroristen ermordet. Später sorgt der sogenannte Deutsche Herbst in der Bundesrepublik für Bestürzung: Die Entführung und Ermordung des Arbeitgeberpräsidenten Hanns Martin Schleyer sowie die Entführung der Lufthansa-Maschine *Landshut* halten die Republik in Atem.

Am 22. Oktober 1978 wird der Pole Karol Woytiła als Papst Johannes Paul II. inthronisiert und bleibt mehr als 26 Jahre Oberhaupt der katholischen Kirche. Die Islamische Revolution im Iran 1979 bringt derweil Ayatollah Khomeini an die Macht. Der Schah von Persien flieht und stirbt letztlich im ägyptischen Exil in Kairo.

Die sexuelle Revolution der sechziger und siebziger Jahre spiegelt sich auch in der Musik der Siebziger wider, etwa der von Queen, Elton John oder David Bowie. Aber auch ABBA feiert weltweit große Erfolge. Am 29. November 1970 flimmert die erste *Tatort*-Folge über die Bildschirme. Zudem feiert die *Sesamstraße* in Deutschland ihre TV-Premiere, genauso wie die *Muppet Show, Dalli Dalli, Der große Preis, Der heiße Draht, Kojak* und *Columbo. Apocalypse Now* wird zum Kinohit, nicht anders als *Star Wars, Der weiße Hai, Alien, The Rocky Horror Picture Show* und *Drei Haselnüsse für Aschenbrödel.*

In diesen Jahren schafft Dagmar Berghoff den Sprung von der Fernsehansagerin in Baden-Baden zur Sprecherin der *Tagesschau* – und wird damit zu einem der bekanntesten TV-Gesichter des Landes.

CONSTANTIN SCHREIBER: **Du sagtest, acht Jahre hättest du in Baden-Baden verbracht. Wurde der Ort dir dann irgendwann doch zu klein?**

DAGMAR BERGHOFF: Irgendwann wollte ich unbedingt weg aus Baden-Baden. Ich war ja damals erst Anfang dreißig und hatte im Grunde alles erreicht: hatte meine eigenen kleinen Fernsehsendungen, war Hauptansagerin des Senders und moderierte große Radioprogramme. Was soll jetzt noch kommen?, war eine Frage, die in mir immer lauter wurde. Schließlich bin ich einer Liebe nach Hamburg gefolgt. Die Liebe war schnell vorbei, aber ich war froh, wieder in Hamburg zu sein.

CS: **Und da hattest du schon den Job beim NDR?**

DB: Nein, ich hatte nichts! Das war eine harte Zeit, in der ich richtig Klinken putzen musste, ich habe mich überall in verschiedenen Studios und natürlich beim NDR vorgestellt. Aber nichts passierte. Eine Weile fuhr ich einmal im Monat für zehn Tage nach Baden-Baden, um dort zu arbeiten und Geld zu verdienen. Diese Option hatte man mir damals angeboten, und ich hatte zunächst abgelehnt. Aber als sich in Hamburg nichts tat, musste ich annehmen und war sehr froh darüber. Das zog sich lange hin, über neun Monate, fast bis Weihnachten.

CS: **Dann tat sich plötzlich was?**

DB: Ja, dann ging es los mit Fernsehen und Radio. Als ich schon fast gar nicht mehr daran geglaubt hatte. Wolfgang Jäger, der damals für den NDR-Hörfunk verantwortlich war, bot mir drei Sendungen auf Probe an. Es war das damals sehr bekannte Format *NDR 2 von neun bis halb eins.* So lange dauerte die Sendung, eine bunte Mischung aus Interviews, Reportagen und Musik. Eine andere Sendung war *Buchbesprechungen.* Und im Fernsehen klappte es ebenfalls mit der Ansage. Alles fing gleichzeitig an. Ich weiß noch, das war am 6. Januar 1976, da moderierte ich morgens zum ersten Mal *Von neun bis halb eins*, hatte mittags eine Buchbesprechung, die ich natürlich auch vorbereiten musste, und abends meine erste Fernsehansage. Ich wusste gar nicht, wie ich das alles packen und auch noch gut machen sollte. Bei den Vorbereitungen auf die Radiosendungen gab es niemanden, der mich da unterstützt hätte, die Texte musste jeder selbst schreiben, und das damals, ohne Computer und Internet. Da musste man schon einmal in die Bibliothek gehen, wenn es um ein Thema ging, mit dem man sich nicht auskannte.

CS: **Der Schritt zum NDR war also ein Wendepunkt für dich.**

DB: Ja, damit löste sich sozusagen der gordische Knoten in meinem Leben, es hat sich alles verändert. Immer wenn ich zur Arbeit fuhr, war ich so unglaublich glücklich: Hier darfst du arbeiten!

CS: **Und dann rief die *Tagesschau* an?**

DB: Ein Techniker sagte mir eines Morgens, während ich gerade heiße Rhythmen über NDR 2 schickte: »Karl-Heinz Köpcke ist für dich am Apparat!« Ich fragte nur: »Wie bitte?« Karl-Heinz Köpcke war damals der große Nachrichtenmogul. Was konnte er von einer kleinen Moderatorin wie mir nur wollen? Ich wusste ja nicht, dass die *Tagesschau* zu der Zeit eine Frau suchte. Das Erste, was er am Telefon zu mir sagte, war: »Sie haben ja eine ganz nette Stimme. Sehen Sie denn auch einigermaßen aus?« Das werde ich nie vergessen!

CS: **Vor allem, was soll man denn darauf antworten? Da wird doch niemand sagen: »Nein, ich sehe leider nicht so gut aus.«**

DB: Ich war auch ganz verdattert, vor allem weil ich dachte, der müsste mich doch schon mal gesehen haben im Südwestfunk. Später hat Köpcke mir verraten, dass er mich natürlich bestens vom Schirm kannte. »Ich verlasse mich doch nicht nur auf eine nette Stimme«, sagte er.

CS: **Hast du bedauert, dass du statt Schauspielerin, was ja dein eigentlicher Traumberuf war, *Tagesschau*-Sprecherin geworden bist?**

DB: Nein, aber bis zu dieser Erkenntnis hat es tatsächlich gedauert. Nach sieben oder acht Jahren als Ansagerin und Sprecherin beim SWF verschwand allmählich der Wunsch, als Schauspielerin zu arbeiten. Also eigentlich erst, als ich zur *Tagesschau* kam. Bis dahin habe ich, wenn ich ins Theater ging, die Hauptrolle anschließend zu Hause selbst noch mal nachgespielt. Nur für mich. Da war ich die Julia oder die Mutter Courage und habe in meiner Wohnung laut mit mir geredet. Aber das hat sich dann allmählich verloren. Ich gehe heute immer noch unglaublich gern ins Theater, aber spiele zu Hause keine Rollen mehr nach *(lacht)*. Oft bewundere ich einfach die grandiose Leistung der Schauspieler.

CS: **Dein ganzer Werdegang wirkt auf mich für eine Frau in jener Zeit doch sehr tough.**

DB: Ich habe damals gemerkt, dass Widerstand in mir Energien freisetzt, von denen ich gar nichts wusste. Mein Vater, der nicht wollte, dass ich Schauspielerin werde. Die schreckliche Zeit in England, wo ich wie eine Dienstmagd behandelt wurde. Der Kampf ums Geld auf der Schauspielschule. Damals sagte ich mir immer, wenn du das hier schaffst, wirst du Schauspielerin. Heute blicke ich eher milde zurück und sage mir: Es war alles gut so, wie es gelaufen ist.

CS: **Das klingt schön, als wärst du im Reinen mit dir.**

DB: Wenn ich heute mein Leben betrachte, bin ich froh, dass ich mein eigenes Ding durchgezogen habe. Ich habe auf niemanden gehört, sondern einfach gemacht, wofür ich brannte. Und das war genau das Richtige. Geholfen haben mir dann Zufälle und Glück, aber kein Mensch.

CS: **Du dir selbst!**

DB: Wenn man so will.

CS: **1976 kam dann dein Einstand in der *Tagesschau*. Ich könnte mir vorstellen, dass es damals bestimmt ganz anders dort war als heute.**

DB: Als ich 1976 bei den Nachrichten angefangen habe, gab es noch gar nichts Digitales. Es gab eine Graphikabteilung, die sehr phantasievoll arbeiten musste, um Hintergrundkarten, Bilder, Fotos von Politikern oder Graphiken herzustellen. Die Vorlagen wurden ausgeschnitten und auf feste Pappen geklebt. Diese Pappen wurden dann während der Sendung per Hand von Studenten, die als Assistenten beschäftigt waren, hinter dem Sprecher weggezogen. Wenn der Assi nicht schnell genug war, sah der Zuschauer noch ein Stück seiner Hand.

CS: Und sonst? Wie war es früher in der Redaktion?

DB: Die *Tagesschau* war ja letztlich aus der *Wochenschau* hervorgegangen. Und ganz am Anfang hat man sich auch noch aus der *Wochenschau* bedient und die Berichte übernommen. So wurde in der ersten *Tagesschau* 1952 über ein Fußballspiel, Deutschland gegen Jugoslawien, berichtet, das schon lange vorbei war, das Ergebnis war längst bekannt. Später ein Bericht über Eisenhower, der eine Reise nach Korea unternommen hatte. Der war zu dem Zeitpunkt längst schon wieder zurück, die *Tagesschau* hat erst mit Verzögerung darüber berichtet. Das lag natürlich daran, dass es damals noch nicht die Überspielmöglichkeiten von heute gab und Filmrollen etwa per Flugzeug und Auto angeliefert werden mussten, ehe man sie verwenden konnte. Zudem wurden die Nachrichten noch ohne Sprecher im Studio gezeigt, nur mit einer Stimme aus dem Off. Den Sprecher gab es erst 1958 mit Karl-Heinz Köpcke. Zu meiner Zeit war vieles schon ganz anders. Da gab es das große ARD-Korrespondentennetz, es gab weltweite Agenturen. Natürlich alles ohne Computer, wir mussten mit Telefax arbeiten. Ich kann mich noch an den Tod von Elvis Presley im August 1977 erinnern, das war am späten Abend unserer Zeit, und mir wurde für die Nachtausgabe nur ein abgerissener Fetzen Papier vom Ticker in die Hand gedrückt, zum ersten Mal kein fertiger Text, aber dafür die Aufforderung: Mach was draus!

CS: Du erzähltest eingangs, dass du mit Karl-Heinz Köpckes vollgeschriebenem Manuskript überhaupt nicht arbeiten konntest. Was hast du dir selbst immer angestrichen?

DB: Ich habe mir die Betonungen durch einen Strich kenntlich gemacht. Und vor lange Sätze, für die ich besonders viel Atem holen musste, habe ich mir ein V geschrieben, oder bei schwierigen Wörtern die Silben mit Strichen abgeteilt, damit ich die einzelnen Wortteile bei einem schnellen Blick auf den Zettel besser erfassen konnte. Wie machst du das denn heute mit dem Teleprompter?

CS: **Ich arbeite tatsächlich auch noch immer vor allem mit dem Papier. Ich bekomme die ausgedruckten Texte um 19:40 oder 19:45 Uhr und habe dann fünf bis zehn Minuten Zeit, alles durchzugehen. Dann mache ich mir genauso wie du früher Zeichen, wo eine Betonung liegt. Gerade die Betonungszeichen kann ich eben nicht am Computer machen. Dann schreibe ich mir ausländische Namen in Lautschrift über das gedruckte Wort. Hinterher habe ich dann die Texte im Kopf, kann sie mir ja immer noch mal kurz vorher auf dem Zettel anschauen, und der Teleprompter dient dann wirklich nur zur Unterstützung, um nicht runterzuschauen. Inzwischen ist es, glaube ich, für Zuschauer eher irritierend, wenn man zu den Zetteln runterblickt. Da haben sich die Sehgewohnheiten sehr verändert.**

DB: Zu meiner Zeit gab es noch keinen Teleprompter, bei dem man den Text in der Kamera abliest – was den Eindruck erweckt, man würde frei sprechen und hätte alles im Kopf. In meiner ersten Sendung habe ich fast nur nach unten geschaut. Danach habe ich mich sehr bemüht, auch mal hochzublicken. Ich habe mich auch später immer gegen den Teleprompter gewehrt, weil ich meinte: Ich will den Zuschauern doch nicht vorgaukeln, dass ich das alles auswendig kann. Der Teleprompter wurde sofort eingeführt, nachdem ich weg war.

CS: **Zurück zu deinen Anfängen bei der *Tagesschau*: Du hattest zuerst den Nachmittag und dann die 20-Uhr-Ausgabe. Gab es bestimmte Gründe, dass du schon nach wenigen Sendungen die Hauptausgabe sprechen durftest?**

DB: Es wurde bekannt, dass Ruth Speer im ZDF demnächst die Hauptausgabe von *heute* moderieren sollte – nach Wibke Bruhns, die 1971 bereits die erste Nachrichtenfrau im Zweiten Deutschen Fernsehen war. Das wollte die ARD nicht auf sich sitzen lassen, und plötzlich war ich ganz schnell für die 20-Uhr-Ausgabe gebucht.

CS: **Erinnerst du dich noch an deine erste Meldung?**

DB: Der US-Diplomat Francis Edward Meloy Jr. war im Libanon entführt und ermordet worden.

CS: **Daran kannst du dich noch erinnern?**

DB: Das weiß ich nur, weil mir später mal jemand schrieb, dass das meine erste Meldung gewesen sei *(lacht)*. Und bei dir, was war deine erste Meldung?

CS: **Ich kann mich tatsächlich auch nicht erinnern. Ich habe aber mal geschaut, was große und wichtige Nachrichten während deiner *Tagesschau*-Zeit waren. Da gab es den Reaktorunfall von Tschernobyl. Außerdem die Reemtsma-Entführung. RAF-Attentate.**

DB: An Tschernobyl kann ich mich sehr gut erinnern. In der Woche nach dem Unglück haben wir in Münster ein *ARD Wunschkonzert* produziert. Dafür war auch das polnische Duo Marek und Vacek engagiert. Am Morgen der Generalprobe fragte ich Vacek, ob er Lust hätte, einen kleinen Spaziergang zu machen. »Auf gar keinen Fall«, meinte er. »Die Luft ist doch voller Radioaktivität!« Drei Monate später starb er bei einem Autounfall. Was Reemtsma betrifft, haben wir natürlich alle mitgezittert, gebangt und gehofft, dass er das lebend übersteht.

CS: **Wie war das früher eigentlich bei euch im Studio? Wenn ich dort heute sitze, bekomme ich tatsächlich häufig gar nichts von den Beiträgen, die eingespielt werden, mit.**

DB: Das kam bei mir früher drauf an, ob während der laufenden Sendung noch etwas zu klären war. Aber häufig konnte ich während der *Tagesschau* die Beiträge selbst anschauen, und die Bilder haben mich schockiert. Damit musste ich lernen umzugehen.

CS: **Und wie gelang dir das?**

DB: Ich habe damals etwas eingeführt, das es bei der *Tagesschau* bis dahin nicht gab. Köpcke oder Werner Veigel standen auf dem Standpunkt, dass wir die Nachrichten ganz neutral, ohne jeden Anflug von Emotion vortragen sollten. Wirklich jede Meldung! Ich habe immer gesagt: Der Zuschauer ist aber über bestimmte Bilder genauso entsetzt wie ich. Da kann ich nicht einfach straight weiterlesen, sondern ich mache eine Pause, senke den Blick, oder ich schlucke sogar kurz. Denn in dieser Nanosekunde sind die Zuschauer und ich doch eins und haben eine Verbindung in diesem Entsetzen.

CS: **Neulich hat die *Tagesschau* wegen einer technischen Panne zehn Sekunden zu spät angefangen. Gab es bei dir mal eine ähnliche Panne?**

DB: O ja, bei mir hat eine 20-Uhr-Sendung sogar einmal eine Minute und zehn Sekunden zu spät angefangen! Es fühlte sich ewig lang an. Ich habe mich damals gar nicht getraut, die Regie zu fragen, was los war, weil ich dachte, es sei ein Krieg ausgebrochen oder etwas anderes ganz, ganz Schlimmes passiert. Aber dann fing die Sendung plötzlich ganz normal an, der Gong ertönte, und es lief weiter wie geplant. Später erfuhr ich, da war nichts mit Krieg: Das Problem war, dass die Nummer zwei im Ablauf, der Film, noch nicht vorlag, woraufhin die Regisseurin entschieden hatte, auf den Film zu warten. Was natürlich schon sehr ungewöhnlich war. Normalerweise würde man den Ablauf kurzfristig umstellen und einfach das zuerst senden, was schon da ist. Die Kollegin hat nach der Sendung ein wahres Donnerwetter erlebt: Eine *Tagesschau* fängt um Punkt 20 Uhr an! Aber neulich war doch bei euch ein neuer Sprecher in der 20-Uhr-Sendung – normalerweise wird das vorher groß angekündigt.

CS: **Ja, das war André Schünke, ein Kollege von *Tagesschau24*, der wegen eines Planungsfehlers kurzfristig eingesprungen war. Heute haben wir für die Dienstplanung eine App, ich**

kann dir das mal zeigen, hier bei mir auf dem Handy. Da werden für jeden Tag die verschiedenen Einsätze mit den jeweiligen Moderatoren und Sprechern angezeigt, und ich kann gleich sehen, wann und an welchen Tagen ich im Einsatz bin. Hier, bei mir gestern *Nachtmagazin*, morgen *Nachtmagazin*, am Donnerstag 20 Uhr.

DB: Ach, interessant, da muss man aber als Planer einen guten Überblick haben, bei den vielen Spalten. Früher waren die Dienstpläne auf Papier geschrieben, und häufig wurde etwas per Hand durchgestrichen, weil jemand getauscht hatte. Manchmal konnte man vor lauter Tauschen kaum noch entziffern, wer als Sprecher dran war. Da hatte ich immer Sorge, ich würde einen Dienst vergessen. Was mir ja einmal wirklich passiert ist.

CS: **Oh, tatsächlich? Wie das denn?**

DB: Ich war eingetragen für einen 20-Uhr-Dienst, allerdings im Off – also um die Nachrichtentexte über Bilder zu sprechen, die live eingespielt werden –, hatte es aber vergessen und wunderte mich zu Hause, warum der Sprecher alles las, auch die Off-Texte. Danach habe ich auf meinem Dienstplan in der Küche gesehen: Das wäre ja meine Schicht gewesen! Mist!

CS: **Und bist du auch schon einmal zu spät gekommen?**

DB: Fast! Ich bin eigentlich immer um fünf Minuten vor 20 Uhr ins Studio gegangen, mit genau einer Kontaktlinse im Auge: Mit diesem Auge konnte ich dann gut vom Blatt lesen, mit dem anderen in die Ferne schauen. An dem Tag jedoch hatte ich auf einmal Probleme mit der Linse, bin schnell zur Toilette gerannt, habe sie rausgenommen – da war es dann vier vor acht. Ich sagte zu mir: Ruhig, Berghoff, ruhig! Als ich sie wieder im Auge hatte, war es schon zwei vor acht. Ich war pünktlich am Platz, aber Mannomann! Bist du schon einmal zu spät zur Sendung gewesen?

CS: **Einmal ist es mir passiert, dass ich kurz vor der Sendung vor dem Eingang zum Studio noch einmal abgepudert wurde und plötzlich überall dunkle Flecken hatte. Die Maskenbildnerin hatte mir aus Versehen den Puder eines Kollegen aufgetragen. Sie war total erschrocken, und es war ziemlich schnell klar: So kann ich nicht auf Sendung gehen. Da war es drei vor acht. Die Kollegin hat mir danach rasch noch alles, was sie finden konnte, aufs Gesicht getan. Eine Minute vor acht hatten wir das Problem im Griff, ich stand quasi mit dem Gong am Tisch. Da war dann aber auch die Regie ein bisschen nervös geworden.**

DB: Das kann ich mir vorstellen.

CS: **Wir sind sechs Personen im 20-Uhr-Sprecher-Team, drei Männer und drei Frauen, das Verhältnis ist also genau ausgewogen. Du warst damals die erste und einzige Frau. Wie hast du das erlebt?**

DB: Das war natürlich eine andere Welt, eine ganz andere Zeit. Wobei ich damals gar nicht ständig darüber nachgedacht habe, dass ich ja die einzige Frau war. Für mich fühlte sich das normal an.

CS: **Du hast gesagt, du warst eine Quotenfrau. Wie stehst du denn zu solchen Quoten?**

DB: Ich sehe das kritisch. Wenn ein Mann und eine Frau unterschiedlich qualifiziert sind und der Mann besser ist, muss natürlich er genommen werden. Ist die Frau besser, gilt dasselbe Prinzip. Sind beide gleich qualifiziert, sollte die Frau den Job bekommen. Ich selbst habe nie gewollt, dass ich, nur weil ich eine Frau bin, irgendwo genommen werde. Ja, ich weiß, genau das ist mir eigentlich bei der *Tagesschau* passiert. Aber mir war das nicht bewusst, und ich hätte es nie eingefordert.

CS: **Mir fällt dazu ein, was wir vor der letzten Bundestagswahl erlebt haben. Wie mit Blick auf die Grünen viele sagten, dass Robert Habeck der bessere Kanzlerkandidat gewesen wäre, aber Annalena Baerbock es werden musste, weil sie eine Frau ist. Hast du das auch so wahrgenommen?**

DB: Ja, ich glaube, die Grünen hätten mit Robert Habeck die besseren Chancen gehabt. Wobei ich finde, dass Annalena Baerbock ihre Sache als Außenministerin sehr gut macht.

CS: **Die Initiative Pro Quote, die sich in den Medien für eine Frauenquote einsetzt, mahnt an, dass viele Frauen es nach wie vor schwer haben, die gläserne Decke zu durchstoßen, egal wie gut sie sind.**

DB: Das kann ich mir schon vorstellen. Aber das wird sich letztlich nur über ein Umdenken der Chefs ändern. Es muss nach Qualifikation gehen, dann aber mit dem fairen und gerechten Vorsatz, Männer und Frauen gleich zu beurteilen – und gleich zu bezahlen, was bei der *Tagesschau* der Fall ist.

CS: **Aber war es schwieriger, sich als Frau durchzusetzen?**

DB: Ich hatte ja nun das große Glück, auf eine einzigartige Stelle als erste Frau der *Tagesschau* befördert zu werden. Insofern habe ich nie gelernt, mich mit Ellbogen durchsetzen zu müssen. Ich wurde immer gefragt – ob ich das *ARD Wunschkonzert* mit Max Schautzer moderieren wolle, Zirkussendungen aus Paris, große Galas in der ARD. Ich musste mich nie durchsetzen. Ich weiß gar nicht, was Kampf im Job bedeutet oder wie das ist, wenn man zu einem Fernsehdirektor geht und sagt, ich will die und die Sendung moderieren. Gleichzeitig empfand ich verbissene Männer und verbissene Frauen als Kollegen immer als sehr unangenehm.

CS: **Das gibt es in der Tat bei Männern wie Frauen gleichermaßen.**

DB: Ja. Dabei kommt es doch gerade in unserem Beruf auf Teamwork an. Und dafür ist eine gute Stimmung sehr wichtig.

CS: **Wie schafft man gute Stimmung?**

DB: Zum Beispiel habe ich viel früher, Ende der siebziger Jahre, die sogenannten Sprecher-Essen angeregt, bei denen man sich privat kennenlernen konnte. Es war gut, dass man außerhalb der kurzen Begegnungen im Sender Gelegenheit hatte, miteinander zu reden. Das hat die Stimmung im Team unglaublich verbessert. Das erste Mal habe ich alle Kollegen mit ihren Partnern eingeladen. Allen hat es so gut gefallen, dass daraus eine lange Tradition entstand. Jedes Jahr in einem anderen Restaurant, umschichtig eingeladen von einem der Kollegen. Dabei war auch immer ein Redakteur. Für die Presse wurde es ein fester Termin, und für die gewählten Restaurants war es eine Ehre, uns zu bewirten – bezahlen mussten wir allerdings trotzdem. Gibt es das heute eigentlich noch?

CS: **Nein, leider nicht. Wir Sprecher sehen uns nur kurz beim Schichtwechsel im Sender, wenn überhaupt. – Als erste Frau der *Tagesschau* bist du für viele ja durchaus auch feministische Vorreiterin. Wie siehst du das?**

DB: Ich verfolge die Debatten um Feminismus sehr aufmerksam, habe Alice Schwarzer immer bewundert für ihre konsequente Haltung und finde, sie ist eine der wichtigsten Frauen in Deutschland. Gleichzeitig ist es nötig, dass man offen für Diskussionen und für sein Gegenüber bleibt und nicht in eine Lagerhaltung verfällt. Ich bin heute manchmal erstaunt, mit welcher Unerbittlichkeit Feminismusdebatten geführt werden.

CS: **Die *Tagesschau* unterscheidet sich ja von anderen Sendungen dadurch, dass sie bis heute von Sprechern präsentiert wird. Wie findest du das?**

DB: **Ich glaube, das macht einen Teil des Erfolgs der Sendung aus: dass Sprecher sie präsentieren, ohne viele Emotionen zu zeigen, sodass jeder sich seine eigene Meinung bilden kann. Aber aus meiner Sicht ist die *Tagesschau* auch besonders durch ihren – sagen wir – Glamourfaktor. Die Sprecher der *Tagesschau* kennt fast jeder. Bei anderen Nachrichtensendungen kenne ich die Moderatoren häufig nicht.**

CS: **Einige sind doch aber auch bei anderen Sendern sehr präsent.**

DB: Das stimmt, bei RTL etwa Peter Klöppel oder im ZDF Marietta Slomka, die kennt man. Beim ZDF waren ansonsten Petra Gerster und Claus Kleber für mich die prägenden Nachrichtengesichter.

CS: **Du hast sicherlich recht, dass die *Tagesschau*-Sprecher in besonderer Weise prominent sind und waren. Das merke ich auch, wenn ich mich mit Freunden und Kollegen über Sprecher und Moderatoren von früher unterhalte. Dagmar Berghoff kennt wirklich jeder. Wibke Bruhns oder Angelika Unterlauf hingegen – die erste DDR-Moderatorin – vielleicht noch die Journalisten unter meinen Freunden, aber beide sind einem doch bei weitem nicht so präsent wie du. Wie erklärst du dir das?**

DB: Na ja, es gab zu Wibke Bruhns' vierzigjährigem Kamerajubiläum als erste Nachrichtenfrau überhaupt im deutschen Fernsehen doch durchaus viele Berichte, da schien sie mir sehr präsent zu sein. Aber vielleicht unterscheidet uns, dass sie diesen Job vor der Kamera nur relativ kurze Zeit ausgeübt hat, etwa zwei Jahre. Das genügt vielleicht nicht, um Menschen durch Nachrichtenlagen und verschiedene Lebensphasen zu begleiten. Sie war eher als Journalistin bekannt denn als ZDF-Nachrichtensprecherin.

CS: **Das mag sein. Aber hat es womöglich auch etwas mit ihrer Person zu tun?**

DB: Schwer zu sagen. Wir waren tatsächlich sehr verschieden. Wibke Bruhns war ein etwas herberer Typ mit einer dicken Hornbrille. Ich erschien ja doch recht feminin.

CS: **Kanntet ihr euch?**

DB: Ja, aber wir haben uns erst später kennengelernt.

CS: **Und warst du mit Angelika Unterlauf aus der DDR bekannt?**

DB: Wir sollten uns unmittelbar nach der Wende in Berlin treffen, die *Hörzu* wollte eine Geschichte mit uns beiden veröffentlichen. Alles war organisiert. Wer nicht kam, war Angelika Unterlauf. Ich war richtig wütend, weil sie mich und die Journalisten einfach so hat sitzen lassen.

CS: **Gab es denn dafür eine Erklärung?**

DB: Sehr viel später hat sie mir erzählt, dass sie nicht gekommen war, weil sie plötzlich Angst hatte. So kurz nach der Wende hatte sie Sorge, dass jemand aus dem alten DDR-System sie verfolgen könnte. Sie fühlte sich nicht sicher.

CS: **Ein paar *Tagesschau*-Sprecher machten ja durchaus auch Schlagzeilen.**

DB: Ach, du spielst auf Eva Herman an.

CS: **Ja, sie war gut achtzehn Jahre lang Sprecherin der *Tagesschau*. 2007 geriet sie mit umstrittenen Aussagen im Rahmen einer Vorstellung ihres Buchs *Das Prinzip Arche Noah* in die Kritik und musste schließlich die *Tagesschau* verlassen.**

DB: Ein trauriger Fall. Ich habe sie als sehr kluge Frau erlebt. Der Eklat in der Kerner-Sendung war erst nach meinem Ausscheiden. Später habe ich noch Interviews gelesen, in denen sie ihre Thesen weiterhin vertreten hat. Für die *Tagesschau* war das irgendwann nicht mehr tragbar.

CS: **Gab es auch zu deiner Zeit irgendwelche Skandale?**

DB: Da gab es natürlich den Fall Susan Stahnke. Sie hatte Fotos für ein Magazin machen lassen, die an Marlene Dietrichs Auftritt im *Blauen Engel* angelehnt sein sollten. Die Aufnahmen waren aber sehr lasziv, man konnte viel mehr sehen als in der historischen Vorlage. Sie lag am Boden und posierte. Als darüber eine Diskussion entbrannte, sagte sie: »Dagmar Berghoff hat das doch auch schon mal gemacht.« Ja, aber anders. Auch bei meinen Aufnahmen war der *Blaue Engel* die Vorlage, aber ich hatte knielange Rüschenhosen an und saß auf einer Tonne. Unter dem Bild stand: »Ich verstehe nicht, wie Marlene Dietrich das geschafft hat, ich rutsche immer runter von der Tonne.« Weil ich mich auf dem

Ding kaum halten konnte. Das Foto samt dieser Aussage hatte eher komischen Charakter. Ich habe dann damals als Chefsprecherin mit Susan gesprochen und ihr geraten, erst einmal keine Interviews mehr zu geben, bis sich alles etwas beruhigt hat, und für ein paar Wochen vom Schirm zu verschwinden. Ich dachte, wir warten ab, bis alles etwas runtergekocht ist, und dann übernimmt sie wieder ganz normal ihre Dienste. »Ja, okay«, hatte sie mir versprochen. Drei Tage später saß sie wieder bei RTL und gab Barbara Eligmann ein Interview, in dem sie sich kritisch über die ARD äußerte. Das war's dann.

CS: **Für dich als Chefsprecherin war das sicherlich auch keine einfache Situation, nehme ich an, schließlich warst du einerseits verantwortlich für deine Kollegen und musstest andererseits auch die Sichtweise des Senders berücksichtigen.**

DB: Das war wirklich nicht so einfach. Man kann letztlich nur an den- oder diejenige appellieren, das eigene Tun zu überdenken. Dass es vielleicht mehr schadet als nützt.

CS: **Wo verläuft denn aus deiner Sicht die Grenze, was man als *Tagesschau*-Sprecher neben dem eigentlichen Job noch tun darf?**

DB: Das kann man pauschal kaum sagen. Auch im Fall Stahnke waren die Fotos vielleicht gar nicht das größte Problem, sondern Stahnkes Reaktion. Die vielen Auftritte bei RTL und der Vorwurf, ihr eigener Sender sei total spießig, haben es schließlich unmöglich gemacht, sie weiter zu beschäftigen. Man sollte immer die Seriosität der Sendung und der Marke *Tagesschau* im Blick haben.

CS: **Hast du in deiner Laufbahn eigentlich Erfahrungen mit Neid gemacht?**

DB: An ein paar eigenartige Momente kann ich mich schon erinnern. Einmal war ich bei einem Fotoshooting gemeinsam mit einer anderen Moderatorin, und die hielt ihre eine Hand immer genau so, dass man mein Gesicht auf dem Foto nicht sehen konnte, oder versuchte sich ein bisschen vor mich zu stellen. Das war schräg, zumal ich die Kollegin sonst als sehr sympathische Person wahrgenommen habe. Aber bei dem Fotoshooting ging irgendetwas mit ihr durch.

CS: **War es am Ende vielleicht nur ein Versehen?**

DB: Nein, das war kein Versehen *(lacht)*. Ich glaube, es hängt damit zusammen, wie ehrgeizig jemand ist.

CS: **Bist du selbst denn nicht ehrgeizig?**

DB: Nur insofern, als ich eine Aufgabe auch gut machen will, wenn ich sie annehme. 1978 etwa hatte der Saarländische Rundfunk mich gefragt, ob ich eine Zirkussendung aus Paris moderieren würde, mit französischen Interviews. Ich spreche sehr gut Französisch, aber dass ich in Frankreich gelebt hatte, war inzwischen viele Jahre her. Da habe ich gesagt, ich versuche es, und entwickelte daraufhin einen gewissen Ehrgeiz, das Ganze auch gut zu machen. Was war also zu tun? Ich habe privat Französischunterricht genommen, ein halbes Jahr lang, bis zur Zirkussendung, die ich übrigens bis in die zweitausender Jahre moderierte, einmal im Jahr.

DIE ACHTZIGER JAHRE

Dagmar Berghoffs erste Erinnerung ist, so sagt sie, wie sie als Kleinkind im Zug von ihren Eltern fortgebracht wird. Ich weiß, kaum zu glauben, aber wahr: In meiner ersten Erinnerung mit meiner Mutter schaue ich eine Nachrichtensendung, wahrscheinlich sogar die *Tagesschau*. Es ging darin um den Mount St. Helens, der an jenem Tag, dem 18. Mai 1980, ausgebrochen war. Offenbar haben mich die Bilder des unter der Wucht der Eruption abrutschenden Berges so beeindruckt, dass sie sich für immer in mein Bewusstsein einbrannten.

Die Achtziger – der Anbruch einer nachrichtenreichen, bunten Zeit. Gleich zu Beginn, am 12. und 13. Januar 1980, gründet sich im Zuge der Anti-Atomkraft-Bewegung und der Umweltbewegung die Partei Die Grünen. 1982 wird Helmut Kohl Bundeskanzler – und bleibt es meine gesamte Kindheit und Jugend über. In Moskau wird 1985 unterdessen Michail Gorbatschow Vorsitzender der KPdSU.

Die Nuklearkatastrophe von Tschernobyl am 26. April 1986 sorgt für Entsetzen in der Welt, und auch in Deutschland werde ich – wie viele andere Kinder – von den Eltern angehalten, nicht draußen zu spielen, weil die Strahlung auch bis zu uns gelangen könne. In Peking schlägt die kommunistische Führung beim Massaker auf dem Platz des Himmlischen Friedens eine Studentenrevolte nieder. Deutschland erlebt 1983 seine ersten »Chaostage«, und ganz am Ende des Jahrzehnts steht das deutsche Wunder der friedlichen Revolution mit seinem Höhepunkt, dem Fall der Berliner Mauer.

Was aus heutiger Sicht wie Beispiele musealer Relikte anmutet, ist für uns damals unglaublicher technologischer Fortschritt, prägend für meine Generation: Die ersten Computerspiele kommen auf den Markt, jeder möchte einen Atari besitzen, einen Gameboy oder andere Geräte von Nintendo und Co. Junge Menschen laufen, vom Walkman beschallt, durch die Straßen, CDs werden zur Massenware. Mikrowelle, Videorekorder und Anrufbeantworter finden sich in fast jedem Haushalt, Schulen rühmen sich mit ihren Tageslichtprojektoren und waschmaschinengroßen Kopiergeräten.

Am 1. Januar 1984 erlebt Deutschland eine TV-Revolution: den Start des Privatfernsehens, in dessen Folge Kultsendungen entstehen wie *Glücksrad* und *Ruck Zuck*. MTV geht in den USA auf Sendung und bringt die Kunstform des Musikvideos auch in deutsche Wohnzimmer, und Götz George schlüpft im *Tatort* erstmals in die Rolle von Kommissar Schimanski. Überhaupt bescheren die Achtziger uns eine große Zahl an Kultsendungen: Wohl kaum einer erinnert sich nicht an die *Schwarzwaldklinik*, an *Wetten, dass ..?* und *Verstehen Sie Spaß?*, aber auch die *Lindenstraße* und das *Traumschiff* flimmerten in diesem Jahrzehnt der Shows erstmals über den Schirm. Otto, der Ostfriese, brachte Millionen zum Lachen, im Kino sahen wir *ET*, *Star Trek* und *Zurück in die Zukunft*. Musikalisch schlägt die Stunde der Kings and Queens of Pop, die, wie Madonna und Michael Jackson, Stadien füllen, ebenso wie Prince, Roxette oder Falco. Hiphop und Rap erleben den Aufstieg von der Subkultur zum Mainstream, und nicht zuletzt sorgt eine singende Prinzessin Stephanie von Monaco für Aufmerksamkeit.

In den achtziger Jahren ist Dagmar Berghoff *das* Gesicht der *Tagesschau* und trifft inzwischen routiniert Prominenz aus aller Welt, wie ein Blick in ihr privates Fotoarchiv verrät.

CONSTANTIN SCHREIBER: **Hier auf dem Bild, das bist doch du mit Fürst Rainier und Fürstin Gracia!**

DAGMAR BERGHOFF: Ja, da hatte mich die *Hörzu* zu einem großen Fernsehfestival nach Monte Carlo geschickt. Wolfgang Petersen erhielt dort eine Auszeichnung für seinen Film *Reifezeugnis* mit Nastassja Kinski, Judy Winter und Christian Quadflieg. Er war aber gar nicht aus den USA angereist, weil er wohl überhaupt nicht damit gerechnet hatte, dass er da irgendetwas gewinnen würde. So wurde recht kurzfristig ich als Vertreterin Deutschlands auf die Bühne gebeten, um den Preis entgegenzunehmen. Damit verbunden war ein Empfang beim Fürstenpaar. Neben Fürst Rainier und Gracia Patricia war Prinzessin Caroline mit Philippe Junot, ihrem ersten Ehemann, dabei.

CS: **Der sagt mir nichts, aber ich habe auch gar keine Ahnung von royalen Familien.**

DB: Jedenfalls waren wir insgesamt etwa zwanzig Personen. Mit Rainier habe ich ein wenig über Fußball geplaudert. Er kannte sich sehr gut aus in der Bundesliga! Grace stand daneben, mit ihr habe ich nur ein paar kurze Worte gewechselt. Sie trug ein wunderschönes langes rotes Kleid, dazu eine Hochsteckfrisur, und wirkte sehr hochgewachsen und – nun ja, fürstlich. Eine bildschöne Frau!

CS: **Wie lief die Reise genau ab?**

DB: Ich flog nach Nizza und wurde dann mit einem eigenen Hubschrauber nach Monte Carlo gebracht. Dort nahm mich ein Adjutant des Fürsten in Empfang, der sich den ganzen Aufenthalt über um mich kümmerte. Insgesamt war ich vier Tage dort.

CS: **Und hier auf diesem Foto, das ist doch Diana!**

DB: Ja, das ist ein Bild, das in Köln entstanden ist. Ich bin Diana mehrmals begegnet, auch hier in Hamburg.

CS: **Und? Wie war dein Eindruck?**

DB: Na ja, mir war sie nicht sympathisch. Im Nachhinein sehe ich das allerdings etwas gnädiger, weil erst später bekannt wurde, dass sie zu diesem Zeitpunkt schon sehr unter der Ehe mit Charles gelitten hat. Das mag sie damals schon sehr beeinflusst haben.

CS: **Der Reihe nach. Ihr seid euch in Hamburg begegnet?**

DB: 1987 war sie mit Charles zu einem offiziellen Besuch hier in der Stadt. Das war im November, das Wetter war scheußlich, aber sie musste mit Charles auf der Senatsbarkasse bei Wellengang und Nieselregen die Elbe auf und ab fahren – sicherlich kein reines Vergnügen. Anschließend fuhren beide zum NDR, und da war sie offenbar komplett durchgefroren. Jedenfalls hieß es, ihr sei kalt. Die Maske hatte ihr einen eigenen Raum im Sender zur Verfügung gestellt, wo sie sich hätte aufwärmen und frisch machen und auch Hut und Mantel hätte ablegen können. Plus zwei eigene Maskenbildnerinnen, die sich um sie kümmern sollten. Später haben die beiden mir berichtet, wie sie in dem Raum saßen und warteten, als Diana die Tür öffnete, sie nur anstarrte und »Oh, no!« rief und die Tür gleich wieder zuknallte. Diana hatte offenbar gehofft, dass sie allein in dem Raum sein könnte. Doch so blieb sie die ganze Zeit in Hut und Mantel.

CS: **Das ist ja nicht die feine englische Art. Und wie ging es dann weiter?**

DB: Zuerst führte man sie in einen großen Saal mit mehreren Hundert Leuten und anschließend zu uns ins *Tagesschau*-Studio, wo wir auf das Paar warteten. Sie kam rein und sagte kein Wort. Nicht guten Tag, nicht hallo. Sie kam stumm rein und blieb stumm, während Charles gesprächig und interessiert war. Ich erklärte ihm, wie die Sendung um 16 Uhr gleich ablaufen würde. Er war hervorragend über die *Tagesschau* informiert und überhaupt darüber, was die ARD war und wie sie funktionierte. Von ihm war ich wirklich positiv überrascht. Wir hatten auch gleich eine Verbindung, und Charles hat definitiv ein bisschen geflirtet. Da waren etwa zehn Leute im Studio, aber er hat die ganze Zeit nur mit mir geredet, obwohl ich mehrmals versucht habe, die anderen zu Wort kommen zu lassen: Hajo Friedrichs, den Chefredakteur, den Intendanten und so weiter. Aber Charles redete nur mit mir. Und Diana stand daneben und guckte zickig aus der Wäsche.

CS: **Vielleicht hatte sie einen schlechten Tag?**

DB: Vielleicht, aber ich hatte schon vorher eine ähnliche Begegnung mit ihr. Zwei Tage zuvor in Köln nämlich, da wurde eine Modenschau für sie organisiert, die ich moderierte. Man hatte mich angewiesen, nach der Schau direkt zum festlichen Empfang zu gehen, bevor dann die anderen geladenen Gäste wie Gloria von Thurn und Taxis dazukommen sollten. Also tat ich wie mir geheißen und ging nach meiner Moderation gleich weiter zu den Empfangsräumlichkeiten. Am Fuße einer Treppe stand Diana mit zwei Männern. Ich kam also dazu, außer uns vieren weit und breit kein Mensch, und es herrschte Schweigen. Ich fand das ganz eigenartig, wie wir da mucksmäuschenstill standen und warteten, worauf auch immer. Also wollte ich etwas Small Talk beginnen und fragte Diana, wie ihr die Modenschau gefallen habe. Da wandte sie langsam den Blick zu mir und sagte nur: »I wouldn't tell you!« Anschließend drehte sie sich um und marschierte die Treppe hoch. Ich stand da und war vollkommen verdattert: Warum ist die so zu mir, ich war doch einfach nur nett? Rolf Seelmann-Eggebert, der Adelsexperte, hat mir später erklärt, dass mein

Fehler darin bestanden hätte, sie zuerst anzusprechen. Sie sei die Prinzessin, und folglich hätte ich warten müssen, bis sie mich anspricht.

CS: **Prinzessin hin oder her, ich würde sagen, das ist einfach schlechtes Benehmen.**

DB: Diana war für mich eine echte Enttäuschung. Ich hatte mich darauf gefreut, sie zu treffen, hatte eine entzückende junge Frau erwartet. Wie ich sie erlebte, stand einfach in einem großen Kontrast zu dem Bild, das ich von ihr hatte – die liebende Mutter, die schüchterne, sanftmütige Prinzessin. Allerdings war sie in Natur hübscher als auf Fotos, viel, viel hübscher! Auch Charles war anders als erwartet. Medial immer eher negativ dargestellt, fand ich, dass er ein ganz charmanter Kerl war. Er sah ebenfalls besser aus, als man immer meinte, ein Mann mit Ausstrahlung. Er war sehr freundlich zu mir.

CS: **Auf dem Foto seht Diana und du fast aus wie Schwestern.**

DB: Optisch waren wir tatsächlich ein ähnlicher Typ. Ich war eine Art ältere Diana *(lacht)*.

CS: **War sie später im Lauf des Tages freundlicher?**

DB: Nein, sie hat mich weiterhin mit Missachtung gestraft.

CS: **Kommen wir wieder zur *Tagesschau*. Wie war das, als du schließlich selbst Castings durchgeführt hast?**

DB: Das war immer sehr spannend, weil die Persönlichkeit eines Menschen auf dem Bildschirm ganz anders rüberkommen kann als im wirklichen Leben. Da gab es bildschöne Leute, die vor der Kamera überhaupt keine Wirkung entfalteten, und umgekehrt. Menschen, die in natura relativ langweilig aussahen, aber vor der Kamera blühte da etwas auf. Das kann man vorher gar nicht genau einschätzen, es ist immer wieder überraschend.

CS: **Ist dir eine Situation noch besonders in Erinnerung?**

DB: An einem Casting nahm eine phantastische Sprecherin teil, die zudem gut aussah. Doch durch die Kamera erschienen ihre Augen auf einmal unterschiedlich groß. Unter normalen Umständen hat man das gar nicht gesehen, aber auf dem Schirm schon. Dieses Detail lenkte mich so sehr von den Nachrichten ab, dass ich zu dem Schluss kam, es würde auch die Zuschauer ablenken. Es fiel mir sehr, sehr schwer, aber ich musste ihr absagen.

CS: **Wie hat sie reagiert?**

DB: Zuerst fragte sie immer wieder nach, warum ich sie nicht genommen hatte. Das tat mir wirklich weh, und ich habe mich lange davor gedrückt, ihr den Grund zu nennen. Als ich es ihr schließlich sagte, erwiderte sie, sie würde ja alles tun, um diesen Job zu bekommen, aber in dem Falle könne sie leider nichts machen.

CS: **Wie liefen die Castings überhaupt ab, als du ab 1995 Chefsprecherin warst?**

DB: Ich habe immer acht Bewerberinnen und Bewerber eingeladen, aufgeteilt in zwei Gruppen: vier im On – also als Moderatoren im Bild – und vier im Off – also als Sprecher im Hintergrund, während auf dem Sender Nachrichtenfilme gezeigt werden. Und dann wurde gewechselt. Und alle bekamen selbstverständlich ein eigenes Manuskript.

CS: **Hast du damals drauf geachtet, gleich viele Männer und Frauen einzuladen und zu besetzen?**

DB: Nein. Es ging nur um die Qualität der Bewerbungen und die Qualität der Performance.

CS: **Qualität heißt: für Versprecher gab es Punkteabzug?**

DB: Na ja, das Casting dauerte nur fünf Minuten. Grundsätzlich galt für mich: Einmal versprechen ist kein Problem. Zweimal versprechen kann passieren. Bei dreimal versprechen war das für mich das Aus, weil bei der Person offenbar die Nerven nicht mitspielten. Sie mussten ja später die *Tagesschau* live präsentieren.

CS: **Die Kandidaten wurden also angeschaut, und anschließend wurde diskutiert?**

DB: Bei einigen mehr, bei anderen weniger. Da war einer, der war ziemlich übergewichtig, aber ein hervorragender Sprecher. Da haben wir damals lange überlegt. Tolle Ausstrahlung, aber eben sehr korpulent. Der nahm schließlich 30 Kilo ab und schaffte ein Jahr später den Sprung vor die Kamera. Er ist aber schon lange nicht mehr dabei.

CS: **Wie wichtig sind Äußerlichkeiten für einen Beruf vor der Kamera?**

DB: Wenn man auf den Bildschirm will, muss man schon irgendetwas Besonderes haben.

CS: **Aber der durchschnittliche Zuschauer entspricht ja dem nicht unbedingt, also dem gut aussehenden Menschen auf dem Schirm. Schafft das nicht vielleicht sogar zu viel Distanz?**

DB: Nein, warum sollte es? Der Zuschauer schaut sich doch bestimmt gern eine attraktive Frau an, die gut sprechen kann. Wobei es gar nicht darum geht, bildschön zu sein. Das Wichtigste ist eher, dass man sympathisch und seriös wirkt. Das gilt nicht nur für Frauen, sondern auch für die Männer.

CS: **Was macht denn Schönheit für dich aus?**

DB: Du meinst, privat? Es gibt optisch bildschöne Menschen, das ist das eine. Aber wahre Schönheit hängt für mich immer mit dem Charakter eines Menschen zusammen. Wie er sich gibt, wie er spricht, wie er handelt.

CS: **Verändert sich diese Wahrnehmung im Laufe des Lebens?**

DB: Ja, mit achtzehn schaut man sicherlich noch viel mehr auf Äußerlichkeiten. Da war ich keine Ausnahme. Je älter ich wurde, desto weniger wichtig wurde mir bei einem

Menschen das rein Äußerliche. Da kam es immer mehr auf andere Dinge an. Wie jemand erzählt, wie humorvoll und einfühlsam er ist. Wie er auf andere Menschen eingeht.

CS: **Wird es schwieriger, sich zu verlieben, je älter man wird?**

DB: Ja, das ist so. Nun war ich ja ein Sonderfall, weil ich so bekannt war. Deswegen war es damals für mich wahrscheinlich generell schwieriger, jemanden kennenzulernen. Ich konnte mir nie sicher sein: Meint er mich, oder findet er meine Prominenz attraktiv? Noch dazu haben die Zeitungen bei jeder Sichtung in der Öffentlichkeit sofort berichtet über den angeblichen neuen Geliebten von Dagmar Berghoff. Die Konsequenz war, dass ich damals fünf Jahre alleine gelebt habe und mit einer neuen Bekanntschaft keine In-Restaurants mehr besuchte, auch keine Theaterpremieren, sondern lieber spätere Aufführungen, damit die Journalisten es nicht mitbekamen.

CS: **Ist dieses Interesse der Medien bei Frauen ausgeprägter als bei Männern?**

DB: Das glaube ich nicht. Wenn ein berühmter Sportler oder Schauspieler, nehmen wir Elyas M'Barek, irgendwo mit einer Frau auftaucht, heißt es auch sofort: Das ist seine Neue. Oft verbunden mit der Frage: Wann heiraten die? Da wird kein Unterschied zwischen Männern und Frauen gemacht.

DIE NEUNZIGER JAHRE

Wir leben in einer neuen Weltordnung: Die Zeit des Kalten Krieges ist vorbei, die Sowjetunion Geschichte. Deutschland ist wiedervereinigt, und die USA nehmen die Rolle der einzigen Weltmacht und zugleich Weltpolizei ein. Der Zweite Golfkrieg macht mich zum ersten Mal zum bewussten Nachrichtenzuschauer, wie auch später die Jugoslawienkriege.

Überhaupt sitze ich jetzt regelmäßig mit meinen Eltern um 20 Uhr vor dem Fernseher und verfolge das, was auf der Welt passiert, mit wachsendem Interesse. Ich erinnere mich an die Bilder vom Bürgerkrieg in Somalia und von den dort kämpfenden amerikanischen Soldaten, später verfilmt in *Black Hawk Down*. Die Attentate auf Wolfgang Schäuble und Oskar Lafontaine machen Schlagzeilen und sorgen für Bestürzung, zugleich werden wir via Bildschirm Zeuge des schrecklichen Völkermordes in Ruanda. In Südafrika endet derweil die dunkle Ära der Apartheid, und in der Ostsee sinkt die *Estonia*, Hunderte Menschen sterben in den kalten Fluten. Bill Clinton wird zum US-Präsidenten gewählt und sorgt mit seinem jugendlichen Elan für Begeisterung und Aufbruchsstimmung. Der Vertrag von Maastricht bringt die EU-Staaten näher zusammen, und eine heisere Queen

Elizabeth erklärt das Jahr 1992 zum »Annus horribilis« des Königshauses – nicht zuletzt wegen der zahlreichen Scheidungen und Affären. Im August 1997 dann stirbt Prinzessin Diana bei einem Autounfall, und selbst in der Schule verfolgen wir vor dem Fernseher die unglaublichen Trauerbekundungen in Großbritannien. 1993 werden in Deutschland neue, nun fünfstellige Postleitzahlen eingeführt, und in Berlin hält Roman Herzog seine berühmte »Ruck-Rede«. Das Klonschaf Dolly erblickt das Licht der Welt, Gerhard Schröder wird Bundeskanzler – und Wladimir Putin übernimmt die Amtsgeschäfte im Kreml.

Technisch erlebt die Welt eine Revolution: PCs, Mobiltelefone, SMS, Faxe, E-Mail und allen voran das World Wide Web ermöglichen ganz neue Arten der Kommunikation und Information. Man besitzt einen Tintenstrahldrucker und geht ins Internetcafé. Der Discman ersetzt den Walkman, und im Fernsehen kann man sich aussuchen, ob man die Talkshow von Hans Meiser, Oliver Geissen, Ilona Christen, Vera Int-Veen, Jörg Pilawa, Peter Imhof, Bärbel Schäfer, Britt Hagedorn oder Arabella Kiesbauer einschalten will oder einfach alle hintereinander. Die *Harald Schmidt Show* erlangt Kultstatus, ebenso wie *RTL Samstag Nacht*. Ebenfalls nachts flimmert *Tutti Frutti* über den Schirm, und Stand-up-Comedy hält in Deutschland Einzug. *Gute Zeiten, schlechte Zeiten* feiert Premiere und findet bis heute Zuschauer. Überhaupt ist es die Zeit kultiger Fernsehserien: Die *Simpsons* zählen dazu, aber auch *Golden Girls*, *Baywatch* und *Beverly Hills, 90210*. Ich selbst freue mich jede Woche auf eine neue Folge *Akte X* – in den Neunzigern kann ich ja noch nicht streamen, sondern muss mich stets bis zum

Donnerstagabend in Geduld üben – und später *Ally McBeal*, *Twin Peaks* und *Friends*.

Im Kino laufen derweil Filme, die bis heute im Fernsehen wiederholt werden: *Basic Instinct*, *Das Schweigen der Lämmer*, *Die üblichen Verdächtigen*, *Jurassic Park*, *Kevin allein zu Haus*, *Schindlers Liste*, *Titanic* oder *Pulp Fiction*, um nur einige zu nennen.

Musikalisch ist Eurodance eine Spezialität der Neunziger: Whigfield singt vor dem Spiegel *Saturday Night*, DJ Bobo tanzt auf vielen Bühnen, überall hört man Culture Beat, Mr. President und Haddaway. Das Musikfernsehen erlebt Höhepunkte der Popularität: VIVA-Moderatoren werden zu wichtigen TV-Persönlichkeiten, und Boygroups sprießen aus dem Boden, ob Take That, NSYNC oder die Backstreet Boys; aber auch Girlgroups wie die Spice Girls und ihre Kolleginnen Lucilectric und Blümchen begeistern die Fans. Zwischen Grunge und Elektrobeats erlebt der Schlager um Guildo Horn und Dieter Thomas Kuhn ein Revival. 1993 stirbt Freddie Mercury.

In der Freizeit oder zur Arbeit fährt man auf seinen Inlineskates, und viele vor allem junge Leute schwärmen für Tigerenten, Tamagotchis und Diddl-Mäuse. Benjamin von Stuckrad-Barre wird zum Popliteraten, und Samuel Huntington prophezeit den Kampf der Kulturen.

Ich mache 1998 Abitur. Leistungskurse Chemie und Latein – das bedeutet Tacitus, Seneca und Titrieren. Anschließend beginne ich mit meinem Jurastudium in Passau. Dagmar Berghoff trifft Ende der neunziger Jahre eine Entscheidung: Sie hört auf. Zum Millenniumswechsel. Doch zu Beginn des Jahrzehnts ist daran noch nicht zu denken – das dominierende Thema in fast allen Köpfen ist das neue Dasein im nun wiedervereinigten Deutschland.

CONSTANTIN SCHREIBER: **Wie hast du denn jenseits des Nachrichtenstudios die Wiedervereinigung erlebt?**

DAGMAR BERGHOFF: Am 9. November 1989 war ich essen mit meiner ehemaligen Ballettlehrerin von der Schauspielschule, ein wunderschöner Abend. Erst am nächsten frühen Morgen hörte ich die Worte eines völlig übermüdeten Radiokollegen: »Es war eine so lange Nacht für uns, aber das war es uns wert!« Was war was wert? Ich hatte im wahrsten Sinne des Wortes eines der wichtigsten Ereignisse unseres Landes »ver-gessen«. Als ich davon erfuhr, habe ich nur gestaunt und mich riesig gefreut. Auch für Jo Brauner, der ja aus dem Osten, aus Görlitz kam und Dienst gehabt hatte an diesem so besonderen Abend. Es ist unglaublich, dass das ohne Blutvergießen möglich war! Was wir ja letztlich Gorbatschow und den Russen zu verdanken hatten. Heute finde ich schade, dass es immer noch diese gedankliche Trennung in Ossis und Wessis gibt. Dabei bestehen doch eigentlich kaum noch Unterschiede – außer vielleicht, dass ich am Dialekt hören kann, wer aus dem alten Osten Berlins kommt. Aber sonst wundert es mich, dass wir auch nach 33 Jahren immer noch nicht komplett zusammengewachsen sind. Vielleicht dauert es noch eine weitere Generation.

CS: **Man kann eine Trennung auch noch am Wahlverhalten erkennen – daran, dass es in den östlichen Bundeslän-**

dern eine ganz andere politische Landschaft gibt. Daran bemerke ich das vor allem und wundere mich manchmal. Kannst du dich noch an deine erste Reise in den Osten erinnern?

DB: Ja, natürlich, das war unmittelbar nach der Wende, mit einem *ARD Wunschkonzert*. Dafür fuhren wir für fünf Tage nach Chemnitz, damals noch Karl-Marx-Stadt, ein knappes halbes Jahr nach der Wende. Vormittags hatte ich frei und bin durch die Stadt spaziert. Wie arm es hier aussah! Das war von blühenden Landschaften weit entfernt. Auch auf der Bahnfahrt nach Karl-Marx Stadt: verfallene Gebäude und alles grau in grau. Das hat sich seitdem sehr verändert und verbessert.

CS: **Dann habt ihr die Sendung im Osten gedreht.**

DB: Ja, und woran ich mich erinnere, sind die hervorragenden Masken- und Kostümbildner, die es dort gab. Unglaublich, was die konnten! Wie ja auch die Sprecherziehung im Osten extrem gut war. Das Publikum in Karl-Marx-Stadt war spitze. Die freuten sich so, dass wir da waren!

CS: **Warst du dann später häufiger im Osten?**

DB: Ja. Wilhelm Wieben hat sich sehr für die östlichen Bundesländer interessiert, und gemeinsam mit zwei Freunden unternahmen wir einmal im Jahr eine Reise in den Osten: nach Dresden, Leipzig, Weimar, Görlitz, immer eine Woche.

CS: **Ich war als Kind mit meinen Eltern häufig in Berlin. Wir sind dann mit dem Auto über eine der Transitautobahnen gefahren. Ich kann mich daran erinnern, wie man bei der Grenzkontrolle den Pass auf eine Art Förderband legen musste, von dem er dann zum Grenzbeamten transportiert wurde. Das fand ich als Kind ganz faszinierend.**

DB: Die Transitautobahn kenne ich natürlich auch. Mit Hajo Friedrichs bin ich einmal mit dem Auto von Hamburg nach Berlin zum Presseball gefahren. Ich erinnere mich an die vielen Kontrollen und dass er darauf achten musste, exakt 100 km/h zu fahren. Nicht 90, nicht 110. Wir waren ja beide bekannt und waren bereits so eingehend befragt worden, reine Schikane. Das war vielleicht der Preis der Prominenz.

CS: **Du warst auch im Osten bekannt?**

DB: Na ja, viele haben heimlich die *Tagesschau* gesehen. Es gab außerdem eine Sendung im NDR-Radio, in der wir Musikwünsche und Grüße vorgelesen haben. Und immer wenn wir nicht den ganzen Namen vorgelesen haben oder nicht gesagt haben, woher der Brief kam, war klar: Das war ein Brief aus dem Osten. Wir durften diese Details nicht nennen, weil das für die Leute hätte gefährlich sein können. Und es kamen tatsächlich viele solcher Briefe! Da hieß es dann nur: »Ein Gruß für Cousine Maria in Lüneburg.« Aber den Absender konnten wir nicht nennen. Daher wusste ich, dass es viele Menschen im Osten gab, die uns gesehen und gehört haben.

CS: **Sehnsuchtsort und Glücksorte – hast du die?**

DB: Den einen Sehnsuchtsort habe ich nicht. Ich bin immer wahnsinnig gerne gereist. Privat nach Frankreich, aber auch beruflich, etwa als ich *Heimat in der Ferne* moderiert habe, eine Sendung, in der es um ausgewanderte Deutsche ging. Wo bin ich nicht überall hingereist! Nach Costa Rica, Mexiko, Nashville, Südafrika, Shanghai, Jordanien, Marokko, in die Südsee. Die ganze Welt.

CS: **Aber es muss doch eine oder ein paar Reisen gegeben haben, die besonders waren?**

DB: Ja, die gab es. Die allererste Reise etwa, die mein Mann und ich zusammen unternommen haben. Das war damals eine Art Generalprobe für uns, um zu gucken: Passen wir wirklich zusammen? Wir reisten nach Mexiko, über Weihnachten 1990. Und 1991 haben wir dann geheiratet.

CS: **Die Generalprobe hat also funktioniert.**

DB: Bestens! Kennengelernt haben wir uns übrigens durch ein befreundetes Ehepaar, das uns unbedingt verkuppeln wollte. Aber erst beim dritten Versuch hat es geklappt, im Juni 1990. Ab dem Zeitpunkt waren wir zusammen. Schon drei Monate später machte er mir einen verklausulierten Heiratsantrag. Wir saßen im Auto, als er plötzlich fragte: »Wollen wir nicht nach Las Vegas fliegen? Ich würde dir auch eine Dixielandkapelle bestellen.« – »War das vielleicht gerade ein Heiratsantrag?« – »Ja! Was sagst du dazu?« Nun, Las Vegas wurde es nicht, aber im Mai 1991 eine Hochzeit in Hamburg. Wir hatten das Datum geheim halten wollen, aber die Presse hatte trotzdem Wind davon bekommen.

»Dagmar Berghoff heiratet Halbgott in Weiß«, lautete die Schlagzeile. Es gab einen riesigen Auflauf an dem Tag, zunächst vor unserer Wohnung, sodass die Polizei dort den Verkehr regeln musste, und später vor dem Standesamt, wo sich etwa zweihundert Menschen – Publikum, Fernseh- und Rundfunkteams und die Presse – versammelt hatten. Rückblickend betrachtet ein rundum aufregender Tag.

CS: **Was war dein Mann, Peter Matthaes, für ein Mensch?**

DB: Pit war ein sehr sensibler Mann, der immer drei Bücher auf einmal las, gerne klassische Musik hörte, einen geradezu britischen Humor besaß und elegante, teure Blazer trug. Meine Fernsehwelt faszinierte ihn, war ihm aber völlig fremd. Er liebte seine Arbeit als Chirurg, ging darin vollkommen auf. Seine Assistenten haben mir später erzählt, dass er sie ganz schön auf Trab gehalten hat. Er hat als Chefarzt von seinen Mitarbeitern absolute Disziplin gefordert. Auch am Wochenende – da mussten sie ihn immer um Punkt 18 Uhr anrufen, um zu berichten. Nicht fünf Minuten früher, nicht zwei Minuten später, sondern um Punkt 18 Uhr. Später, bei seiner Trauerfeier, erzählten sie mir, dass sie immer regelrecht gezittert hätten. Sie wussten jedoch, dass sie pünktlich waren, wenn man im Hintergrund bei uns zu Hause die Kirchenglocken läuten hörte. Die Mitarbeiter haben aber auch gesagt, dass sie diese Disziplin sehr zu schätzen lernten, als sie später als Fachärzte in anderen Kliniken arbeiteten.

CS: **Zurück zu eurer Mexikoreise. Wie genau habt ihr die Zeit dort verbracht?**

DB: Wir waren im Rahmen einer geführten Reise unterwegs, vierzehn Tage lang. Eine Woche Rundreise und dann eine Woche zum Ausspannen in Acapulco.

CS: **Und da saß die *Tagesschau*-Sprecherin auf einmal im Bus mit einer Gruppe anderer Leute?**

DB: Genau so war es. Die kannten mich natürlich und haben anfangs einmal geguckt, aber das war es dann auch.

CS: **Ich persönlich finde das noch immer irgendwie komisch, wenn mich Menschen ansprechen oder im Restaurant anschauen, weil sie mich erkennen.**

DB: Daran habe ich mich irgendwann gewöhnt.

CS: **Es hat dich nie gestört oder gar genervt?**

DB: Ich kann mich daran erinnern, dass ich einmal im Hotel beim Frühstück saß und gleich im Anschluss weitermusste zu einer Radiomoderation. Da kam ein Mann auf mich zu und begann auf mich einzureden. Ich war jedoch unter Zeitdruck und im Stress, da ich mit meinen Gedanken natürlich schon bei der Sendung war, und ich habe ihm gesagt, dass ich leider überhaupt keine Lust oder Zeit hätte, mich mit ihm zu unterhalten. Das war vermutlich nicht ganz so nett und hat mir anschließend etwas leidgetan.

CS: **Hat sich der gelassene Umgang mit deiner Prominenz denn erst bei dir entwickelt? War das ein Prozess?**

DB: Na ja, ich hatte so eine Art Probelauf. Und zwar als Fernsehansagerin in Baden-Baden, da war ich eine regionale Bekanntheit. Beim Einkaufen wusste ich, dass alle schauten, was bei mir im Wagen lag. Als ich in Baden-Baden anfing, war ich erst vierundzwanzig, ich konnte mich also relativ früh an das Dasein als öffentliche Person gewöhnen.

CS: **Aber die *Tagesschau* war doch bestimmt trotzdem noch eine andere Hausnummer, oder?**

DB: O ja, das war sie in der Tat. Als ich einmal auf Zypern im Urlaub war und mit meiner Mutter und meinem damaligen Lebenspartner am Strand lag, sagte plötzlich einer: »Guten Tag, Frau Berghoff!« Da war ich total perplex. Ich trug Bikini und Sonnenbrille, war ungeschminkt, und man hat mich doch erkannt!

CS: **Und da hast du nett zurückgegrüßt.**

DB: Nach dem ersten Schreck habe ich tatsächlich lächelnd »Guten Tag« geantwortet, dann ging der Mann weiter, und die Sache war erledigt.

CS: **Kam so etwas denn häufig vor?**

DB: Auf Reisen? Hin und wieder schon. Und das waren nicht nur deutsche Zuschauer. In Shanghai kam einmal ein Chinese auf mich zu und grüßte mich. Der kannte mich, weil er mit der *Tagesschau* Deutsch lernte. Oder in Kenia – da sprach mich ein fliegender Händler am Strand an, er sagte zu mir: »Ich kenne Sie!« Auf Deutsch! Auch der schaute

Tagesschau, um die Sprache zu erlernen. In solchen Momenten war ich schon ziemlich baff. Eine witzige Begegnung auf Mallorca ist mir auch in Erinnerung geblieben, da saß ich in einem einsamen Fischrestaurant in Port de Valldemossa. Zwei Damen schauten ab und zu herüber, und nach dem Zahlen sagte eine von ihnen im Vorübergehen: »Genießen Sie's! Fernab aller schlechten Nachrichten – und *fast* unerkannt.«

CS: **Haben die Leute immer nur nett gegrüßt, oder wollten sie auch mal mit dir reden oder Fotos machen?**

DB: Das hat sich tatsächlich im Lauf der Jahre gewandelt. Früher waren es die klassischen Autogrammwünsche, da wurde ich auch einfach mal so, wenn ich erkannt wurde, gefragt, ob ich eine Autogrammkarte dabeihätte oder ob ich auf irgendeinen Zettel ein Autogramm schreiben könnte. Das habe ich in der Regel auch gemacht. Und natürlich haben einige ein Gespräch begonnen und gefragt, wie das so ist bei der *Tagesschau*. Darauf habe ich mich schon eingelassen, aber immer geschaut, dass es nicht zu lang wurde. Später kamen dann die Selfies dazu, aber die Smartphones haben natürlich ohnehin alles verändert.

CS: **Wie genau?**

DB: Zum einen in der Hinsicht, dass jetzt natürlich jeder jederzeit Fotos schießen kann. Zum anderen aber auch, weil das Smartphone die Bedeutung der Arbeit vor der Kamera verändert. Früher gab es ein paar Fernsehprogramme, und die Personen, die dort zu sehen waren, waren Stars. Heute hat so gut wie jeder ein Handy, kann permanent Fotos machen, sich selbst zu jedem Zeitpunkt filmen und das Ergebnis irgendwo online stellen. Vor einer Kamera zu stehen ist insofern nichts Besonderes mehr.

CS: **Hat dir deine Prominenz denn auch mal geholfen, sagen wir, an bestimmte Veranstaltungskarten zu gelangen oder einen besseren Platz im Restaurant zu bekommen?**

DB: Manchmal. Das fing damit an, dass ich im Restaurant immer besonders nett von den Angestellten begrüßt und bedient wurde. Und wenn es mal hieß, es ist nichts mehr frei, habe ich schon nachgefragt: »Könnten Sie nicht doch noch irgendetwas möglich machen?« Dann klappte das auch in der Regel. Es gab im Übrigen auch immer mal Situationen, in denen ich auf kuriose Weise nicht oder nicht richtig erkannt wurde. Zum Beispiel in einem Schuhgeschäft auf Sylt, ich war mit Mütze und Sonnenbrille unterwegs und interessierte mich für ein Paar goldene Schuhe. »Oh, Sie sehen ja genauso aus wie diese *Tagesschau*-Sprecherin«, sagte die Verkäuferin. »Ja, das höre ich öfter«, antwortete ich. Darauf sie: »Nein, Sie haben ja sogar dieselbe Stimme! *Das* ist ja eine Laune der Natur! Aber Sie können es nicht sein, denn die würde sich niemals solche Schuhe kaufen.«

CS: **So viele Fernreisen, die du unternommen hast – das klingt ja schon ein bisschen nach Jetset.**

DB: Ach, ich weiß nicht. Auf den meisten Reisen habe ich ja gearbeitet. Aber bei manchen in der Redaktion hatte ich tatsächlich einen bestimmten Ruf *(lacht)*. Ich war einmal im Urlaub auf Sri Lanka, als mein Rückflug gestrichen wurde. Da musste ich bei der *Tagesschau* anrufen und sagen, dass ich in Sri Lanka festsäße und es nicht rechtzeitig zu meinem nächsten Dienst zurückschaffen würde. Ein halbes Jahr später war ich dann auf Zypern, als bei meinem Rückflug die Fluggesellschaft streikte und ich schon wieder in der Redaktion anrufen musste. Zufällig war dieselbe Sekretärin am Telefon, die dann die Bemerkung fallen ließ: »Sie lassen es sich aber gut gehen, Frau Berghoff!« Hinterher mussten wir beide lachen.

CS: **Und welche besonderen Reisen gab es noch?**

DB: Gut erinnern kann ich mich auch an unsere Reise nach Kenia, weil mein Mann dort aufgehört hatte zu rauchen. Zu Silvester zündete er seine letzte Zigarette an und sagte: »Ab sofort rauche ich nicht mehr.« Das hat er durchgezogen und tatsächlich nie wieder geraucht.

CS: **Das ist konsequent, vor allem weil er ja mit einer Raucherin zusammenlebte.**

DB: O ja. Er hat mir noch hin und wieder eine Zigarette angezündet und dabei manchmal tief eingeatmet. So hat er noch ein kleines bisschen bei mir mitgeraucht.

CS: **Mexiko, Kenia, Sri Lanka …**

DB: Ja, aber unser absolutes Reise-Highlight war die Antarktis. Mein Mann wollte unbedingt zum Südpol, ich hingegen nicht. Mir war es zu kalt dort. Aus lauter Liebe habe ich mich irgendwann bereit erklärt, mit der *Hanseatic* – die ich 1983 getauft hatte – ins Südpolarmeer zu fahren. Und dann wurde das meine schönste Reise. Diese Eisberge! Wir waren mit Freunden unterwegs, und während wir oben in der Bar saßen, zogen diese beeindruckenden Riesen an uns vorbei. Wir haben denen immer Namen gegeben, etwa »umgekippter Kinderwagen« oder »wackelnde Ente« oder auch »Elefant mit Maus auf dem Rücken«.

CS: **Wie kalt war es denn dann wirklich?**

DB: Gar nicht so schlimm, 4 bis 14 Grad plus, das konnte ich wirklich gut aushalten. Die ganze Zeit schien die Sonne, es war herrlich! Faszinierend fand ich diese Tausende und Abertausende von Pinguinen und die Kormorane. Die Antarktis hat mich also positiv überrascht. Richtig kalt hingegen war es in China!

CS: **Wo du warst, lange bevor sich das Land geöffnet hat.**

DB: Das war 1991, da begann in China gerade die Öffnung. Aber die Hotels waren noch sehr einfach, die sanitäre Situation eigentlich überall problematisch. Und es war wie gesagt bitterkalt. Wir waren im April dort, und ich kann mich erinnern, wie mein Mann mir gesagt hatte: »Ich schenke dir zwei Frühlinge, einen in China und dann einen in Deutschland.« Von wegen! Es war so unglaublich kalt, dass wir uns in China erst einmal Pullover und Jacken kaufen mussten. Gleich am ersten Tag war ich zudem auf einer gefrorenen Fläche ausgerutscht, hatte mir etwas verstaucht und humpelte somit mehr oder weniger in meinen dicken Klamotten durch die Kälte.

CS: **Das klingt ja nicht nach einer besonders schönen Erfahrung.**

DB: Wir haben die Reise dann die »Wenn-Reise« getauft. Weil es immer Wenn-Sätze gab. »Wenn es nicht so kalt wäre, wäre der Tempel schon geöffnet.« »Wenn es wärmer wäre, würden die Bäume schon blühen.« »Wenn es nicht so kalt wäre, gäbe es hier ein Frühlingsfest.«

CS: **Wo führte eure Reise euch denn genau hin?**

DB: Wir starteten in Peking, wo wir eine klassische chinesische Oper besuchten. Dann ging es mit Bus und Zug einmal quer durch den Osten des Landes. Unter anderem waren wir in Datong mit den Yúngāng-Grotten, in Xi'an bei der berühmten Terrakotta-Armee und in Guilin, eingebettet in einer malerischen Landschaft mit beeindruckenden Bergen und Flüssen. Und überall war es kalt. Nur ganz zum Schluss, als wir nach Shanghai kamen, wurde es besser.

CS: **Wie war es denn mit dem Essen? In China soll es ja durchaus abenteuerliche Kreationen geben, die unsere Geschmacksnerven herausfordern.**

DB: Ich war begeistert! Das Essen dort hat mir phantastisch geschmeckt.

CS: **Auch Frösche und Schlangen?**

DB: Schlange habe ich tatsächlich probiert, die schmeckte köstlich, eigentlich wie Aal. Die Schlange wird gekocht und mit einer *spicy* Soße serviert.

CS: **Da hast du keine Berührungsängste?**

DB: Überhaupt nicht. Ich hatte zuvor auch schon mal Schlangen angefasst, also, lebendige. Das fühlte sich an wie eine warme Männerhand – ein bisschen rau, aber angenehm. Was mir zugesetzt hat, war, auf dem Markt in Shanghai die Tiere zu sehen, Hunde und Katzen, die in winzigen Käfigen eingepfercht waren und dort zum Verzehr verkauft wurden. Kaum vorstellbar für uns Europäer!

CS: **Das stimmt wohl. Ich selbst kenne China nicht so gut, obwohl ich 1996 mit meinen Eltern in Shanghai war. Aber ich war einige Male in Hongkong, zuerst ebenfalls 1996, dann 1999 und Anfang und Mitte der Nullerjahre. Eine tolle Stadt, wie ich fand.**

DB: Absolut, dort habe ich später einmal gedreht. Ich finde es menschenverachtend, wie die Pekinger Regierung ihr Wort gebrochen hat, nachdem England die ehemalige Kronkolonie an China zurückgegeben hatte. Man hatte den Menschen versprochen, dass sie noch fünfzig Jahre besondere Freiheiten genießen dürften. Jetzt, gerade einmal zwanzig Jahre später, ist fast alles vorbei. Traurig!

CS: **Warst du einmal in Dubai? Die Stadt kenne ich ja besser.**

DB: War ich, aber das ist schon lange her. Damals wohnten wir im besten Hotel am Platz, in Jebel Ali.

CS: **Das ist ja heute ein Industriegebiet.**

DB: Das war es schon damals, man blickte von dort aus auf Öltürme. Wir bekamen ein Hotelzimmer, das vollkommen dunkel war, wo wir nur Schatten hatten. Ich war zunächst ziemlich sauer, weil ich ja eigentlich die Sonne genießen wollte, aber später heilfroh, als ich merkte, wie intensiv die Hitze und die Sonne waren.

CS: **Ich fand es in den drei Jahren, die ich in Dubai lebte, schön, dass es immer so hell war, auch im Winter. Das fällt mir hier in der dunklen Jahreszeit jedes Mal wieder auf.**

DB: Wir waren damals, 1992, dort, um Weihnachten zu entgehen. Also, vor allem mein Mann – ich persönlich mag Weihnachten in Deutschland eigentlich sehr gern, wenn man den Baum schmückt und Familie besucht. Pit aber wollte dem entfliehen und nach Dubai reisen. Wir kommen also im Hotel an, und in der Lobby steht ein riesiger künstlicher Weihnachtswald, mit Märchenfiguren wie Hänsel und Gretel, Rentieren und künstlichem Schnee – übrigens eine Attraktion im gesamten Umland. In den Fluren hingen riesige Adventskränze, »Jingle Bells« und »Rudolph, the Red-Nosed Reindeer« liefen in Dauerschleife. Der Getränkewagen am Strand hieß »Christmas car«, es gab ein »Christmas dinner«, bei dem alle Kellner als Santa Claus verkleidet waren. Mehr Weihnachten ging eigentlich nicht. Da sagte mein Mann, nächstes Jahr bleiben wir doch lieber zu Hause.

CS: **Du standest ja nicht bis zum Rentenalter für die *Tagesschau* vor der Kamera, sondern hast früher aufgehört. Wie kam es dazu?**

DB: Das war meine Entscheidung. Der Hintergrund war, dass mein Mann 1998 in Rente ging. Er konnte diese neue Lebensphase wunderbar mit allerlei Dingen füllen, lernte Golfen, tüftelte am Computer. Aber irgendwann machte er eine Bemerkung im Sinne von »Du hast ja nie Zeit«. Das hat sehr in mir gearbeitet. Ich bekam auch Sorge, dass ich meine Ehe aufs Spiel setzte, weil ich immer so viel unterwegs war. Da erinnerte ich mich, dass ich schon einmal die Idee gehabt hatte, zum Jahrtausendwechsel aufzuhören, und in mir reifte die Entscheidung, es genau so zu machen: Silvester 1999 ist Schluss. Dann ist das Jahrzehnt, das Jahrhundert, das Jahrtausend zu Ende, und die letzte 20-Uhr-*Tagesschau* im alten Jahrtausend würde ich sprechen.

CS: **Zu dem Zeitpunkt warst du 56 Jahre alt.**

DB: Genau. Als ich meine Entscheidung dem damaligen Fernsehdirektor des NDR mitteilte, bekniete er mich, doch noch etwas länger zu bleiben. Ich solle mir ein anderes schickes Datum suchen.

CS: **Das war aber keine Option?**

DB: Nein, ich blieb hart. Ich sagte, dass es ein unglaubliches Kompliment sei, dass er mich offenbar halten wolle, aber so ein besonderes Datum würde ich nicht wieder bekommen *(lacht)*.

CS: **Erinnerst du dich noch an das erste Mal im Ruhestand, als du die *Tagesschau* eingeschaltet hast?**

DB: O ja, da bin ich durch die Wohnung getigert. Eine Minute vor acht saß ich vor dem Bildschirm und habe auf den Gong gewartet. Das saß einfach so tief in mir drin. Im Lauf der Jahre ist das dann weniger geworden, inzwischen kann es mir passieren, dass ich aus Versehen erst eine Minute nach acht einschalte. Das ist natürlich nicht gut, weil die erste Meldung der Aufmacher, die Hauptmeldung ist.

CS: **Wie lange hat es gedauert, bis bei dir das 20-Uhr-Gefühl nachließ?**

DB: Ganze sieben oder acht Jahre. Sehr lange jedenfalls. Einmal hatte ich sogar einen Albtraum! Ich träumte, alle anderen Sprecher seien ausgefallen, und ich müsste noch mal ran *(lacht)*. Das hätte ich vor lauter Lampenfieber gar nicht ausgehalten.

CS: **Wie war das sonst bei dir mit Lampenfieber?**

DB: Vor der 20-Uhr hatte ich immer Lampenfieber. Übrigens alle anderen Sprecher auch, ich habe sie mal danach gefragt. Das ist einfach eine besondere Sendung, auch wenn man schon lange dabei ist.

CS: **Wenn ich Sendungen mit dir von früher sehe, wirkst du überhaupt nicht aufgeregt.**

DB: Es gibt ja die Redewendung »wie ein Fels in der Brandung«. Ich habe mich immer eher noch als eine Art Eisberg betrachtet: Was man im Fernsehen sah, war nur die Spitze, und die musste ganz ruhig sein. Unter der Wasseroberfläche wuselten und schafften all die Redakteure, Korrespondenten, Maskenbildner, Graphiker und Sekretärinnen. Aber ich war die Spitze des Eisbergs. Diese Vorstellung hat mir geholfen. Wie ist das denn bei dir?

CS: **Ich merke schon, dass es immer mehr Routine wird, je länger ich dabei bin. Aber mir geht es da auch nicht anders: Die 20-Uhr-Sendung ist etwas Besonderes, und da gehe ich mit einer anderen Spannung rein als sonst.**

DB: Sehr großes Lampenfieber hatte ich übrigens beim allerersten *ARD Wunschkonzert* mit Max Schautzer, das wir von 1984 bis 1993 zusammen moderierten. Wir hielten bei der Sendung immer richtige Mikrofone in der Hand, hatten keine Ansteckmikros. Zu Beginn dieser Sendung hat meine Hand so stark gezittert, dass das Mikrofon wackelte. Da hätte ich zu gern die zweite Hand genommen, um es festzuhalten. Wenn allerdings die Sendung erst einmal in Gang gekommen war, ließ das sofort nach.
Übrigens kam bei dieser ersten Sendung des *Wunschkonzerts* zum Lampenfieber noch hinzu, dass ich ein zwar bezauberndes Kleid trug – zartlilafarben, über und über mit Perlen bestickt, oben mit Schulterpolstern, ein breiter Taillengürtel und unten sehr lang und eng –, das aber komplett unpraktisch zum Gehen war. So sieht man Max mit großen Schritten voranschreiten und mich mit kleinen Schritten hinterhertrippeln, wie eine Geisha. Dieses Kleid wurde mir

vom Sender extra angefertigt, während die *Tagesschau*-Kleidung der teuerste Posten in meinem Haushaltsbudget war. Wir mussten unsere Kleidung selbst kaufen.

CS: **Natürlich muss ich dich jetzt auch nach deinem Klassiker fragen, dem WC-T-Turnier. Magst du erzählen, wie es dazu kam?**

DB: Das war am Ostermontag im Jahr 1988, weswegen ich eine gelbe Bluse trug. Ich habe mir immer genau überlegt, was ich zu welchem Anlass anziehe, zum Beispiel entschied ich mich bei einer Fußballweltmeisterschaft, als Deutschland spielte, für einen schwarzen Blazer, ein rotes T-Shirt und ein goldenes Anstecktuch. Manche Zuschauer haben das sogar bemerkt und mir hinterher geschrieben. Aber wir waren bei Ostermontag: Das Turnier heißt eigentlich WTC-Turnier, und ich hatte in der Redaktion aus Spaß gesagt: »Soll ich mal ›WC-T-Turnier‹ sagen?« Da haben die mich aufgezogen und gesagt, das machst du sowieso nicht. Live auf Sendung, wollte ich dann eine klitzekleine Pause einschieben, als kleinen Scherz für die Redaktion, den Begriff dann aber doch richtig aussprechen: W … TC-Turnier. Und dann rutschte es mir raus: »WC-T-Turnier«. Ich hörte sofort das Lachen aus der Regie – da war es dann um mich geschehen. Ich konnte mich gar nicht mehr einkriegen! Ich saß da also und quälte mich bebend durch die Lottozahlen, stieß mehrfach »Entschuldigung« hervor. Dann lief das Wetter, und der Aufnahmeleiter ermahnte mich ganz streng: »Aber Frau Berghoff!« Und schon war ich wieder bei mir.

CS: Bis heute ist dein Versprecher samt Lachanfall ein Highlight in den alljährlichen TV-Pannen-Sendungen. Ich habe das damals im Fernsehen gesehen, als achtjähriges Kind, und ich kann mich noch genau daran erinnern. Auch wie meine Eltern mitgelacht haben. Das war so ansteckend, man musste einfach mitlachen.

DB: Wobei ich ja wie verrückt gegen diesen Lachkrampf angekämpft habe. Vielleicht war es gerade deswegen so lustig, und vielleicht ist die Szene auch deshalb bis heute so bekannt.

DIE NULLERJAHRE

Das wohl einschneidendste Ereignis des Jahrzehnts trägt sich zu am 11. September 2001: der Terroranschlag auf das World Trade Center in New York. Ich habe erst verhältnismäßig spät etwas von den Ereignissen des Tages mitbekommen, war mitten in der Vorbereitung auf mein erstes juristisches Staatsexamen, die schriftlichen Prüfungen fanden wenige Tage später statt. Um nicht beim Lernen gestört zu werden, hatte ich Festnetz- und Mobiltelefon ausgeschaltet – anders als heute checkte man damals noch nicht permanent seine E-Mails oder hatte auf dem Bildschirm ständig eine Nachrichten-Website geöffnet. Wenn ich ins Netz wollte, musste ich mich einwählen. Dann machte das Modem ein unverwechselbares Geräusch – tüüüt, pieeep, chrrsch –, und anschließend konnte man »surfen«. Ich jedenfalls hatte meinen Schönfelder und meine Aufzeichnungen auf dem Schreibtisch und lernte, bis ich abends – das erste Flugzeug krachte um 14:46 Uhr deutscher Zeit in die Twin Towers – dann doch mal das Telefon anschaltete und eine Freundin anrief, die ganz erstaunt war, dass ich noch nicht mitbekommen hatte, was passiert war. Die Terroranschläge vom 11. September stellen eine geopolitische Zäsur dar. In direkter Konsequenz beginnen der Krieg gegen die Taliban in Afghanistan und der Irakkrieg der USA im Verbund mit der sogenannten Koalition der Willigen.

Am 1. Januar 2002 wird der Euro als Bargeld eingeführt. Ich kann mich daran erinnern, wie ich mit Freunden Silvester feierte und jeder von uns ein kleines Plastikbeutelchen mit den ersten Euromünzen dabeihatte, die man vorab bei der Bank bekommen konnte. Viele ältere Bürger bedauern den Abschied von der D-Mark, und es dauert lange, bis man seinen Einkauf nicht mehr von Euro in Mark umrechnet. Derweil platzt die Dotcom-Blase, und das Schlagwort der Globalisierung beschreibt die immer weiter zunehmende internationale ökonomische Verzweigung.

Im Sommer 2003 arbeite ich beim Sender N24 in Berlin. Die USA waren unlängst in den Irak einmarschiert und hatten den langjährigen Diktator Saddam Hussein gestürzt. In jenem Sommer herrscht extreme Hitze in Deutschland, in ganz Europa. Tausende, vor allem ältere Menschen, sterben.

Am 26. Dezember 2004 trifft mit dem Tsunami eine Naturkatastrophe Süd- und Südostasien, deren Namen viele von uns vorher noch nie gehört hatten. Ein Erdbeben hatte Flutwellen ausgelöst, die an den Küsten vieler Länder entlang des Indischen Ozeans schwere Verwüstungen anrichteten und schätzungsweise 300 000 Menschen töteten.

2005 stirbt Papst Johannes Paul II., auf ihn folgt der Deutsche Joseph Ratzinger als Benedikt XVI: »Wir sind Papst!«, titelt die *BILD*. Angela Merkel wird im September desselben Jahres zur Bundeskanzlerin gewählt. 2008 dann wird Barack

Obama der erste Schwarze Präsident der USA. Es herrscht eine allgemeine Zuversicht, wohin die Zukunft uns führt.

2007/2008 dann eine globale Krise, die Finanzkrise. Die Pleite der US-amerikanischen Bank Lehman Brothers setzt eine katastrophale Kettenreaktion in Gang, die das weltweite Finanzsystem an den Rand des Zusammenbruchs bringt. 2009 schließlich stürzt die Eurokrise die EU in eine politisch und wirtschaftlich schwierige Situation.

Und gesellschaftlich? Generation Y und die ersten Digital Natives wachsen heran. Es ist die Zeit von *Harry Potter* und dem *Herrn der Ringe*; Superheldencomics wie *Spider-Man, Hulk* und *Batman* werden neu verfilmt, 3-D-Filme wie *Avatar – Aufbruch nach Pandora* erobern vermehrt die Kinos. Auf der großen Leinwand sehen wir außerdem *Fluch der Karibik, Inglourious Basterds, Good Bye, Lenin!* und den oscarprämierten Film *Das Leben der Anderen*. Im Fernsehen ist derweil die Zeit der Castingshows wie *Deutschland sucht den Superstar* und *Popstars* angebrochen, nebenbei erobern Quizsendungen à la *Wer wird Millionär?* und Kochshows die Bildschirme. Mindestens ebenso fleißig wird das umstrittene Format *Big Brother* eingeschaltet und natürlich das Dschungelcamp: 2004 zeigt RTL die erste Folge der Sendung *Ich bin ein Star – Holt mich hier raus!*, an der später auch eine ehemalige *Tagesschau*-Sprecherin teilnehmen soll. *Sex and the City* fährt gute Quoten ein, genau wie *Desperate Housewives, Germany's Next Topmodel* und *Bauer sucht Frau* – Formate, die bis heute ausgestrahlt werden.

Die Entwicklung der digitalen Technologie schreitet rasant voran: Der erste iPod kommt auf den Markt, Digitalkameras, iPhones und Smartphones der Mitbewerber, später mit

Touchscreen, setzen sich zunehmend durch. Flachbildschirme ersetzen nach und nach die alten Röhrenbildschirme, Tablets werden eingeführt. YouTube und eBay gehen online; man nutzt USB-Sticks und GPS und zunehmend auch erneuerbare Energien – denn der Klimawandel rückt stärker ins allgemeine Bewusstsein.

Eminem rappt unter anderem über seine Heimatstadt Detroit, Jennifer Lopez über ihre Kindheit im »Block«. Auch Rihanna, Xavier Naidoo und Amy Winehouse sind große Namen der Musikwelt der Nullerjahre, und, nicht zu vergessen, erwächst das Festival im kleinen norddeutschen Dorf Wacken zu einem der größten Metal-Ereignisse weltweit. Abseits dieser Szene werden Sneakers fortan auch von Erwachsenen – und auch im Büro – getragen, der Mann präsentiert sich in den Nullerjahren metrosexuell.

Ich beende 2006 mein Volontariat bei der Deutschen Welle und verlebe in den Monaten danach eine spannende und glückliche Zeit. Mein erster Job nach dem »Volo« ist in Hanoi, wo ich zwei Monate die Mitglieder der Redaktion des deutschen Programms der *Voice of Vietnam* trainiere. Gemeinsam mit der Redaktion muss ich zum Grab von »Onkel Ho« – Ho Chi Minh – und aus Höflichkeit demonstrativ ein paar Tränen vergießen. Ich lerne, dass Karl Marx – dessen Geburtstag in Vietnam groß gefeiert wird – dort »Kack Mack« heißt, und sause mit meinen neuen australischen Freunden auf Motorrädern durch den Dschungel. Anschließend verschlägt es mich ein paar Monate nach Beirut, wo ich für die Zeitung *Daily Star* arbeite, was unter anderem bedeutet: Berichte über Minenräumung und viel Tee trinken mit Mitgliedern der Hisbollah. Ende 2006 schließlich

ziehe ich für mehrere Jahre fest nach Dubai, wo ich als Korrespondent für ein arabisches TV-Programm arbeite.

Unterdessen beginnt in Hamburg für Dagmar Berghoff die schwierigste Zeit ihres Lebens.

CONSTANTIN SCHREIBER: **Dein Ruhestand verlief schon bald ganz anders als geplant: Dein Mann Pit wurde schwer krank.**

DAGMAR BERGHOFF: Ja, ein halbes Jahr nach meinem Ausscheiden aus der *Tagesschau* erhielt er die Diagnose Bauchspeicheldrüsenkrebs – eine der tödlichsten Krebsarten, weil sie meistens zu spät erkannt wird. So auch bei ihm.

CS: **Machte er denn noch eine Therapie?**

DB: Ja, aber diese Behandlung war schrecklich. Ich habe am Beispiel meines Mannes gesehen, dass die Chemo fast das größere Übel sein kann.

CS: **Das war für dich als Partnerin sicherlich dramatisch.**

DB: Ja. Und seitdem weiß ich für mich selbst ganz genau, dass ich in meinem Alter keine solche Therapie mehr machen würde. Ich würde das Schicksal annehmen. Dann ist es so. Auch wenn ein Arzt einem wahrscheinlich immer vor Augen führen würde, dass man noch so oder so viele Prozent Überlebenschance hat. Die Lage ist natürlich anders, wenn man noch jünger ist.

CS: **Dein Mann ist sieben Monate später 2001 gestorben. Was hat sein Tod in dir ausgelöst?**

DB: Es war desaströs für mich. Nach dem Tod meines Mannes hatte ich größte Probleme, zurück ins Leben zu finden, da war mein Leben im Grunde zu Ende. Ich war wie gelähmt, habe nächtelang Patiencen gelegt, um mich zu beschäftigen. Nach etwa drei Monaten telefonierte ich mit einer Freundin, sie erzählte: »Ich warte auf meinen Mann, der kommt heute aus New York zurück.« Und ich sagte: »Ich warte auch auf meinen Mann.« – »Wie – Dagmar, dein Mann ist tot!«, entgegnete sie verstört. Da merkte ich, dass irgendetwas schieflief, und holte mir Hilfe bei einer Psychotherapeutin. Sie hat mich brutal und immer wieder mit dem Wort »Witwe« konfrontiert: »Sie sind jetzt eine Witwe, Frau Berghoff!« Ein so furchtbares und endgültiges Wort. Ab da habe ich nicht mehr gewartet. Glücklicherweise hatte ich auch nach dem Ausstieg bei der *Tagesschau* immer noch ein berufliches Korsett: *Heimat in der Ferne* ging weiter, und ich moderierte regelmäßig Radiosendungen im NDR und WDR. Und trotz alledem war ich mir sicher: Ich kann nicht mehr, und ich will auch nicht mehr! Wozu, wofür? Mein Verstand befahl mir jedoch, dass ich ein Jahr warten müsse, um es nicht aus einer tieftraurigen Spontaneität heraus zu tun.

CS: **Das ist erschütternd zu hören. Hattest du sogar schon ein bestimmtes Datum im Blick?**

DB: Ich hatte mir unseren Hochzeitstag im darauffolgenden Jahr ausgesucht. Es wäre der zehnte gewesen. Das war um

Pfingsten herum. Es war alles vorbereitet: Ich hatte genügend Tabletten und wusste auch, dass mich an dem Tag keiner besuchen kommen würde.

CS: **Der Termin rückte näher. Wie fühlte sich das an?**

DB: Ich habe geradezu auf den Termin hingelebt. Mir ging es so, wie Menschen es von Hannelore Kohl erzählten – sie habe in den Tagen vor ihrem Selbstmord geradezu euphorisch gewirkt. Das war auch bei mir so.

CS: **Was passierte dann?**

DB: Ein Zufall hat verhindert, dass ich meinen Plan in die Tat umsetzen konnte. Es war so, dass ich vier Wochen vor »meinem« Termin beim WDR moderieren sollte. Und die hatten mich in einem anderen Hotel untergebracht als dem, in dem ich üblicherweise übernachtete. Das andere war, glaube ich, ausgebucht, und die Sekretärin, die das organisiert hatte, war krank geworden. Es kamen einfach mehrere Sachen zusammen. Kurzum: Der WDR suchte mich im falschen Hotel und fand mich nicht. Da wurden die unruhig, riefen in Hamburg an und kontaktierten meinen Bruder, ob der etwas wüsste. Ich ahnte davon gar nichts. Abends standen dann mein Bruder, meine Freundin Monika und ein weiterer sehr guter Freund, der sich größte Sorgen machte, zusammen mit der Vermieterin vor der Tür. Sie hatte einen Schlüssel, und so verschafften sie sich Zutritt zu meiner Wohnung. Aber auch dort war ich nicht. Später erfuhr ich, dass mein Bruder einen Kreislaufzusammenbruch erlitten hatte, als er hörte, dass ich nicht aufzufinden sei.

Weil er dachte, ich hätte mir etwas angetan. Er hatte wohl schon so ein Gefühl, dass ich das vorhaben könnte. Es hat mich damals sehr berührt, dass er so an mir hing. Er wich mir dann an dem besonderen Hochzeitstag vier Wochen später nicht von der Seite. Seitdem war der Wunsch, mir das Leben zu nehmen, verschwunden. Ich habe in diesem Jahr nach dem Tod meines Mannes etwas gelernt: Die Zeit ist dein Freund. Sie legt nach Wochen, Monaten ein leichtes Balsamtuch über die Wunde, dann ein nächstes und immer so weiter, bis Schmerz und Trauer abgemildert und lebbar werden. Wie ist das bei dir? Hast du jemals das Gefühl gehabt, du möchtest fort von dieser Welt?

CS: **Nein, den Wunsch hatte ich tatsächlich noch nie. Es gab durchaus Situationen, die ich als schwierig empfunden habe, sie lösten aber nie diese Art von Gefühl aus. Eher Trotz oder Wut, aber keine Verzweiflung oder gar Depression.**

DB: Ich hatte das schon einmal mit Anfang zwanzig auf der Schauspielschule, als ich nicht wusste, wie ich finanziell über die Runden kommen sollte und ob ich überhaupt begabt genug war. Ich erinnere mich, wie ich an einem Tag so verzweifelt war, dass ich überlegte, ob es nicht besser wäre, dem Ganzen ein Ende zu setzen. Es war ein fürchterlich verregneter und vernebelter Tag, und ich fuhr mit der U-Bahn, die in Hamburg ja an manchen Stellen auch oberirdisch verläuft. Plötzlich spürte ich, wie bei all dem Nebel und Regen durch das Fenster ein Sonnenstrahl direkt auf mich fiel. Das empfand ich als Zeichen, der Moment brachte die Entscheidung, weiterzumachen.

CS: **Und kehrte dieses Gefühl danach noch einmal zurück?**

DB: Ja, aber anders. Im mittleren Alter, mit 45 oder 46, verspürte ich eine tiefe Lebensmüdigkeit. Ich war überall bekannt, lief von Veranstaltung zu Veranstaltung, hier ein Abendessen, dort eine Gala. Das hat mich alles so ermüdet, dass ich irgendwann dachte: Was macht es noch für einen Unterschied, ob ich hier- oder dorthin gehe, ob ich das eine oder das andere Buch lese oder diese oder jene Sendung moderiere. Es war alles einerlei. Innerlich fühlte ich mich so leer, das Leben zog irgendwie an mir vorbei, ich funktionierte darin nur wie ein Statist.

CS: **Wie ging denn diese Phase schließlich vorbei?**

DB: Mit Ende vierzig lernte ich meinen Mann kennen. Damit verschwanden diese Freudlosigkeit, Lethargie und lähmende Gleichgültigkeit.

CS: **Hast du das damals als Depression eingeordnet? In meiner Wahrnehmung geht man mit diesem Begriff und dieser Krankheit noch gar nicht so lange offen um.**

DB: Mir ist erst später klar geworden, dass es wahrscheinlich ein Burn-out war, den ich hatte, ein Wort, das man Ende der achtziger Jahre noch gar nicht kannte. Vielleicht aber handelte es sich wirklich um eine Depression, vielleicht war ich vorbelastet durch meine leibliche Mutter.

CS: **Was für ein Verhältnis hast du zum Tod?**

DB: Ich glaube nicht an ein Leben nach dem Tod. Wenn der Mensch weg ist, ist er weg. Er lebt, solange über ihn gesprochen wird. Wenn meine Nichte Nadja, heute 28, einmal selbst alt ist und erzählt: »Ich erinnere mich, wie ich damals mit Dagmar meine ersten Austern aß …«, dann lebe ich dadurch noch. Aber ich kann mir nicht vorstellen, dass es irgendwo einen Ort gibt, wo sich die Seelen der Verstorbenen tummeln. Manche glauben ja auch an Wiedergeburt – dass man als irgendetwas zurückkehrt. Ein Esoteriker erklärte mir mal, wenn, dann komme man als Mensch zurück, nicht etwa als Tier oder Stein.

CS: **Wo bist du diesem Esoteriker begegnet?**

DB: Ich habe ihn fürs Radio interviewt und mich vor der Sendung mit ihm unterhalten. Dieser Esoteriker sagte mir damals, er könne auf die andere Seite gehen, also sozusagen ins Reich der Toten. Als Mensch war er mir jedoch so unsympathisch, dass ich keinerlei Drang hatte, da weiter nachzubohren. Er meinte sogar, ich sei eine von nur hundert Personen, die ebenfalls diese besondere Gabe hätten. Meine Antwort war, dass ich das doch irgendwie fühlen müsste, aber da war nichts. Dafür vertrau ich dann doch zu sehr meinem Verstand. Ich glaube alles, was man mir beweisen kann.

CS: **Wir kommen somit zur Gretchenfrage: Wie hältst du es mit der Religion?**

DB: Ich bin 1972 in Baden-Baden aus der Kirche ausgetreten. Ich hatte keinen Bezug zur Religion, obwohl ich gerne in

Kirchen gehe, vor allem in katholische, um mir die wunderschönen Kirchenfenster anzusehen, die üppige Pracht, die jahrhundertealte Kunst zu genießen. Nach meinem Austrittsgesuch fand ich einen Brief des dortigen Pastors bei mir im Briefkasten. Er appellierte an mich, meine Entscheidung noch einmal zu überdenken. Ich war zunächst total beeindruckt, dachte, wie toll, dass der sich so um mich bemüht, und geriet tatsächlich noch einmal ins Grübeln. Am nächsten Morgen aber sah ich, dass der Brief nur ein Muster war – im besseren Licht erkannte ich, dass lediglich die Anrede »Fräulein Berghoff« in eine Vorlage hineingetippt worden war. Der Pastor tat also nur so, als würde er sich wirklich um mich bemühen. Ich war entsetzt und dachte: Jetzt erst recht! Bei den heutigen technischen Möglichkeiten hätte man das überhaupt nicht bemerkt.

CS: **Kannst du Religion denn trotzdem etwas Positives abgewinnen?**

DB: Absolut! Wer sehr überzeugt religiös ist, hat es viel leichter, mit dem Schicksal umzugehen, weil er an einen göttlichen Plan glaubt, immer zu Gott beten kann, sich ihm anvertrauen und ihn um etwas bitten. Das ist sicher einfacher, als wenn man nicht an Gott glaubt. Wie hältst du es denn mit dem Glauben?

CS: **Ich bin auch nicht besonders religiös. Zwar habe ich ein katholisches Gymnasium besucht, mit Ausflügen ins Kloster und sogenannten Besinnungswochen, und ein paar unserer Lehrer waren Nonnen oder Pastoren, sodass religiöse Inhalte eine größere Rolle spielten als an nichtkonfessionel-**

len Schulen. Aber es hat nicht dazu geführt, dass ich eine besonders starke Religiosität entwickelt hätte. – Du hast vorhin erzählt, wie ein Zufall dich davon abgehalten hat, dein Leben zu beenden. Wie hast du deinen Lebensmut letztlich wieder zurückerlangt?

DB: Durch die Natur.

CS: **Die Natur gab dir Kraft?**

DB: In den traurigen Momenten war das so, Momenten, in denen ich nicht wusste, wie es weitergehen sollte. Ich bin oft in den Wald gefahren, da gab es einen bestimmten Baum, den ich umarmt habe. Ich spürte dann eine tiefe Verbundenheit mit der Welt, der Natur, dem Sein, und dabei fiel alles Schwere von mir ab.

CS: **Machst du das heute noch?**

DB: Meinen Baum umarmen? Habe ich lange nicht gemacht. Mich belastet nicht mehr so viel wie früher, vielleicht auch deswegen. Ich bin inzwischen gelassener geworden. Nicht weiser, aber gelassener dem Leben gegenüber *(lacht)*. Ich habe das Gefühl, ich habe so viel erlebt und getan, dass es okay ist, wenn der Tod kommt. Das Gefühl, ich wollte doch noch dieses oder jenes machen, also eine Art *bucket list* erfüllen, kenne ich nicht. Diese Liste gibt es nicht. Das gibt mir eine große Gelassenheit dem Leben gegenüber.

CS: **Das klingt eigentlich sehr schön, wenn jemand mit einem solchen inneren Frieden aufs Leben blickt.**

DB: Ja, aber man kann nicht steuern, dass man zu solch einer Einstellung gelangt. Viele ältere Menschen haben große Angst vor dem Tod. Ich gar nicht. Zwei Menschen habe ich sterben sehen. Sie sahen so entspannt und friedlich aus, dass ich dachte: Es kann nicht so schlimm sein.

CS: **Die Natur ist also einer deiner Anker. Wo erlebst du denn sonst Glücksmomente?**

DB: Beim Fußball! Warte mal, dazu habe ich ein paar Bilder von früher. Hier!

CS: **Das ist doch Uwe Seeler auf dem Foto.**

DB: Genau, Uwe Seeler und ich.

CS: **Das bist du? Ich hätte dich mit der Schirmmütze kaum erkannt.**

DB: Neun Jahre lang war ich regelmäßig mit der Promifußballmannschaft des NDR unterwegs, um den Anstoß zu machen. Später auch die Moderation, wenn es nach dem Spiel noch einen Empfang gab. Bis mein Mann kam – der fragte, müssen wir wirklich jeden Sonntag im Sommer, acht Wochen lang, kreuz und quer durch den Norden touren? Denn jeden Sonntag wurde Fußball gespielt!

CS: **Was war denn das für eine Mannschaft?**

DB: Sie bestand aus NDR-Journalisten, prominenten Fußballern und Spielern aus einem Verein jeweils vor Ort. Sepp

Meier stand im Tor, außerdem spielten Uwe Seeler, Franz Beckenbauer, Karl-Heinz Rummenigge, Max Lorenz und viele andere. Dazu Prominente wie Mike Krüger, Roberto Blanco und der damals sehr berühmte Schiedsrichter Walter Eschweiler. Irgendwann meinte Uwe Seeler: »Spiel doch mal mit, Dagmar! Nur kurz!« Das habe ich dann auch gemacht. Uwe schoss mir den Ball zu und schrie: »Schieß doch, Mädchen!«, und ich kickte den Ball mitten ins Tor. Sepp Meier hat sich totgelacht, der konnte sich gar nicht mehr einkriegen. Später hat mich Uwe gefragt, ob ich nicht in den HSV-Aufsichtsrat kommen möchte. Ich sagte zu und war zwei Jahre lang Aufsichtsratsmitglied.

CS: **Hast du einen Lieblingsklub?**

DB: Ich bin natürlich HSV-Fan und bedauere sehr, dass der Verein den Aufstieg wieder nicht geschafft hat. Schade! Aber irgendwann wird das schon klappen.

CS: **Wann warst du das letzte Mal im Volksparkstadion?**

DB: Tatsächlich im August, bei der sehr beeindruckenden Trauerfeier für Uwe Seeler. Zuletzt beim Spiel war ich noch vor Beginn der Coronapandemie, HSV gegen Stuttgart.

CS: **Und sonst verfolgst du die Spiele vorm Fernseher.**

DB: Ja, zumindest beim HSV. Ich habe zwar kein Sky-Abo, aber einiges läuft auf Sport1, oder ich höre es im Radio. Und natürlich schaue ich alle Spiele unserer Nationalelf bei Europa- und Weltmeisterschaften an. Bei den entscheidenden Spielen habe ich über Jahre zu Fußballpartys eingeladen, mit allem, was dazu gehört: Girlanden, Fähnchen, Tröten, Bier für die Männer und halbe Hähnchen.

CS: **Hast du ein bestimmtes Ritual, wenn du allein Fußball guckst?**

DB: Ich bereite alles gut vor und stelle mir meinen Wein und Knabbersachen hin, damit ich zwischendurch nicht aufstehen muss, und schaue das Spiel hier auf dem großen Bildschirm. Wenn dann ein Tor fällt, reißt mich das hoch, da gibt's kein Halten mehr!

DIE JAHRE SEIT 2010

In den vergangenen zwölf Jahren ist in der Welt viel passiert. Zunächst ergreift der sogenannte Arabische Frühling viele Länder Nordafrikas und im Nahen Osten: Ägyptens Langzeitmachthaber Mubarak wird gestürzt, ebenso die Regierungschefs in Tunesien und Libyen. In Syrien bricht ein desaströser Bürgerkrieg aus, der bis heute andauert und zu den blutigsten Konflikten unserer Zeit zählt.

2010 wird Haiti – das ärmste Land des amerikanischen Kontinents – von einem verheerenden Erdbeben heimgesucht, bei dem schätzungsweise 300 000 Menschen sterben. In Duisburg ereignet sich die Loveparade-Katastrophe mit einundzwanzig Toten, und auf Island bricht der Vulkan Eyjafjallajökull aus, dessen Aschewolke den Flugverkehr über dem Nordatlantik und Europa ins Chaos stürzt.

Der umstrittene SPD-Politiker Thilo Sarrazin schreibt das Buch *Deutschland schafft sich ab*, das zu einem der meistverkauften Sachbücher Deutschlands wird und eine intensive Debatte über die Thesen des Autors zur Zuwanderung auslöst.

2011 ereignet sich vor der Ostküste Japans ein schweres Erdbeben, das einen weiteren Tsunami auslöst und die

Atomkatastrophe von Fukushima verursacht. Deutschland beschließt daraufhin den raschen Ausstieg aus der Kernenergie. Ebenfalls 2011 wird in Pakistan der seit zehn Jahren gejagte Terrorfürst Osama bin Laden von US-Soldaten getötet.

Anfang 2012 tritt Christian Wulff nach dem Vorwurf der Vorteilsnahme vom Amt des Bundespräsidenten zurück, und in der Moskauer Christ-Erlöser-Kathedrale sorgen Pussy Riot mit einem »Punkgebet« für weltweites Aufsehen. Nach einer »Übergangszeit« als Ministerpräsident wird Wladimir Putin zum dritten Mal zum russischen Präsidenten gewählt und bleibt es bis heute. Ebenfalls 2012 wird Barack Obama für eine zweite Amtszeit als US-Präsident bestätigt, während Angela Merkel das gesamte Jahrzehnt über die deutsche Bundeskanzlerin bleibt.

2013 wird in den USA die Bewegung »Black Lives Matter« gegründet. Einige Jahre später, nach der Ermordung des Schwarzen George Floyd 2020, gehen im Rahmen dieser Bewegung Hunderttausende auf die Straße, um gegen Rassismus einzutreten.

2014 annektiert Russland die ukrainische Halbinsel Krim. Im selben Jahr wird eine Maschine der Malaysia Airlines von einer russischen Rakete über der Ukraine abgeschossen, nur wenige Monate nachdem eine andere Maschine der Fluggesellschaft nach dem Start in Kuala Lumpur spurlos verschwindet. Flug MH370 gilt bis heute als verschollen – eines der größten Rätsel der Luftfahrtgeschichte.

Das Jahr 2015 wird in Deutschland zu einem Synonym für den Begriff »Flüchtlingskrise«: Millionen Menschen aus dem Nahen Osten und Afrika begeben sich in Richtung Europa auf die Flucht vor Krieg, Armut und Hunger. Die relativ frisch gegründete Partei AfD erfährt in diesem Zusammenhang starken politischen Zulauf.

2016 stimmen die Briten nach hoch emotionalen Debatten für den Brexit, den Austritt aus der EU, und Donald Trump wird zum Präsidenten der USA gewählt – zwei demokratisch getroffene Entscheidungen, mit denen viele nicht gerechnet hatten und die für breites Entsetzen und Diskussionen sorgen. Ebenfalls 2016 trägt der Satiriker Jan Böhmermann sein Schmähgedicht auf den türkischen Präsidenten Erdoğan vor und erregt den Zorn der dortigen Regierung.

Terror, vor allem von islamistischer Seite, prägt das Jahrzehnt, schwere Anschläge geschehen unter anderem in Berlin, Nizza und Brüssel und nicht zuletzt in muslimisch geprägten Ländern selbst. Im Nahen Osten, in Teilen von Syrien und dem Irak, herrscht die Terrormiliz »Islamischer Staat« und begeht dort schwerste Menschenrechtsverbrechen.

Der Wandel der medialen Welt schreitet stetig voran, Streamingdienste sind nun zunehmend verbreitet: Wir schauen uns Filme und Serien nicht mehr gleichzeitig mit unseren Mitmenschen an, sondern auf Netflix, Amazon Prime, Apple TV und anderen Plattformen, wann immer wir wollen. Besonders beliebt sind dabei *Breaking Bad, House of*

Cards, die *heute-show*, *Die Tribute von Panem* und, immer noch, *Harry Potter*, aber auch der James-Bond-Film *Skyfall* und *Fack ju Göhte*. Außerdem prägen soziale Netzwerke wie Facebook, Twitter und YouTube stärker denn je unsere Art zu kommunizieren und uns zu informieren. Die Kanäle füllen sich bei allen Vorzügen auch mit Fake News und Desinformation – Wahrheit liegt scheinbar zunehmend im Auge des Betrachters, und manche Politiker und Parteien arbeiten mit »alternativen Fakten« – ein Begriff, der unter der Regierung Trump geprägt wurde.

Der Klimawandel rückt immer stärker ins öffentliche Bewusstsein. Seit 2019 gehen vor allem junge Anhänger der Bewegung Fridays for Future weltweit auf die Straße, um Druck auf die politischen Machthaber auszuüben, sich stärker für den Klimaschutz einzusetzen.

2017 löst die sogenannte *MeToo*-Debatte Diskussionen aus; unter diesem Hashtag machen vor allem Frauen weltweit auf sexuelle Belästigung und Übergriffe aufmerksam.

CONSTANTIN SCHREIBER: **Der Regisseur Dieter Wedel stand im Zentrum der *MeToo*-Debatte in Deutschland, ihm wurden sexuelle Übergriffe vorgeworfen. Du warst einmal mit ihm zusammen, richtig?**

DAGMAR BERGHOFF: Ja, wir waren in den siebziger Jahren drei Jahre liiert, als er eigentlich schon mit seiner späteren Frau Uschi zusammenlebte. Wedel war damals erst Anfang dreißig, 33, glaube ich, und hatte gerade seinen ersten Dreiteiler, *Einmal im Leben*, gedreht. So bekannt wie später war er damals noch lange nicht, und es war vor allem nicht bekannt, dass er so viele Frauen hatte. Dieter war offiziell mit Uschi zusammen, und ich war die Affäre. Aber keineswegs heimlich, viele wussten davon, Uschi auch.

CS: **Wie siehst du eure Liaison heute?**

DB: Dieter Wedel hat damals uns beide betrogen, Uschi und mich. Irgendwann habe ich dann Schluss gemacht und gesagt, so geht es nicht weiter. Er trennte sich einfach nicht von Uschi, mit immer neuen Ausreden.

CS: **Er hat also mit den Frauen gespielt.**

DB: Nein, ich glaube, er hat sich jedes Mal wirklich ernsthaft verliebt. Aber Uschi war ihm am Ende immer wichtiger. Viele Frauen haben sich ihm auch an den Hals geworfen: Einer vom Film! Erfolgreich! Und er war auch wirklich ein interessanter Mann, der sich vor Avancen kaum retten konnte. Ich habe eher die Frauen manchmal nicht verstanden, die ja später wussten, dass er so umworben war.

CS: **Hattet ihr nach eurer Affäre noch Kontakt?**

DB: Sporadisch, er hatte mich zum Beispiel zu seinem 50. Geburtstag eingeladen. Da bin ich dann auch auf Uschi getroffen.

CS: **Die Konkurrentin von früher.**

DB: Das spielte damals schon keine Rolle mehr. Wenn Dieter Wedel nicht gewesen wäre, wären Uschi und ich, glaube ich, befreundet gewesen. Ich fand sie immer sehr sympathisch.

CS: **Und dann später eben die Vorwürfe gegen Dieter Wedel. Was hast du da gedacht?**

DB: Ich konnte das kaum glauben. Also, den Vergewaltigungsvorwurf. Dieter hatte es überhaupt nicht nötig, Derartiges zu tun, war mein erster Gedanke. Und es erschien mir so wenig plausibel: Warum geht eine erwachsene Frau nicht einfach weg, wenn der Regisseur sie im Bademantel empfängt? Ich hätte in der Situation sofort das Hotelzimmer verlassen! Deshalb stehe ich diesen Vorwürfen durchaus kritisch gegenüber.

CS: **Und dann warst du ja noch mit Volker Rühe, dem früheren Bundesverteidigungsminister, zusammen.**

DB *(lacht)*: Ach herrje, da war ich siebzehn, er neunzehn. Das Ganze ging drei Monate, es waren Spaziergänge durch den Wald. Er machte gerade Abitur, und ich war in der Oberstufe. Ich fand es eigenartig, dass Volker das später überhaupt den Medien erzählt hat.

CS: **Ach, er hat das öffentlich gemacht?**

DB: Ja, er sagte mir, das war doch eine nette Schlagzeile. Das stimmte.

CS: ***MeToo* und Sexismus – zwei Themenkomplexe, die wir heute immer wieder intensiv gesellschaftlich debattieren. Wie war das zu deiner Zeit, sagen wir, in den Siebzigern? Da herrschte doch bestimmt ein ganz anderes Klima in der Redaktion.**

DB: In der gesamten Zeit, in der ich in der Redaktion gearbeitet habe, gab es keine – wie ich fand – unangemessenen Bemerkungen. Ich war als Frau, als Kollegin akzeptiert und respektiert.

CS: **Und wenn dir jemand ein Kompliment gemacht hat? Das kam doch vor, oder?**

DB: Ein bisschen geflirtet haben manche Redakteure schon. Aber nie auf eine anzügliche Art und Weise.

CS: **Wie sah das konkret aus?**

DB: Hin und wieder hat jemand gesagt, du siehst ja heute hübsch aus, so etwas. Aber das habe ich nicht als sexistisch aufgefasst. Ich habe danke gesagt und mich gefreut.

CS: **Ich würde das heute in der Redaktion zu keiner Kollegin sagen, weil ich finde, das gehört da nicht hin.**

DB: Das finde ich schade, denn ich glaube, dass jede Frau solche Worte gerne hört. Warum sollte das sexistisch sein? Für mich ist es einfach ein Kompliment. Dahinter steckt doch die Annahme, dass Frauen komplett wehrlose Wesen sind. Wenn ich etwas nicht mag, dann kann ich das doch auch sagen. Eine Frau, die auch Paroli bieten kann, wird solche Aussagen nicht als Problem empfinden.

CS: **Ich überlege gerade, wie das wohl heute wäre. Wenn ich nachher bei der Arbeit zu einer Kollegin gehen und sagen würde: »Du siehst heute aber toll aus.« Ich glaube, da würde ich heute vor allem einen verdatterten Blick ernten mit einem großen Fragezeichen im Gesicht.**

DB: Aber man kann doch als Frau einfach nett und charmant darauf reagieren. Ich bin fest davon überzeugt, dass es auch heute Frauen gibt, die gerne mal ein Kompliment hören. Und wenn jemand zu mir sagt, du hast schöne rote Schuhe an, ist das für mich keine sexuelle Belästigung.

CS: **Ich glaube, der Punkt ist, dass man sich sehr schnell auf das Äußere reduziert fühlen kann, wenn es thematisiert wird.**

DB: Na ja, und dass der Mann das Kompliment mit irgendeinem Hintergedanken macht. Dass er gleich mit der Frau ins Bett will. Aber umgekehrt kann ich als Frau doch heute noch einem Mann ein Kompliment machen, oder?

CS: **Genau das habe ich gerade überlegt – wie das wohl wäre.**

DB: Ich glaube, es wäre weniger problematisch, als du denkst. Wenn ich sage, du hast aber heute einen schicken Anzug an, wird der Mann sich eher nicht sexistisch angesprochen fühlen – hoffe ich zumindest!

CS: Ich kann mich daran erinnern, dass mir eine Kollegin nach einer Sendung einmal über Twitter geschrieben hat: »Du hast heute sehr gut ausgesehen.« Das ist schon eine Weile her, aber es hat sich mir sehr eingeprägt, gerade weil wir eben ein rein kollegiales Verhältnis pflegen und sie eine sehr emanzipierte Frau ist. Damals war ich tatsächlich etwas baff, und ich dachte zuerst, jemand hätte ihren Account gehackt. Weil diese Art von Komplimenten im journalistischen Arbeitsumfeld heute so gar nicht mehr vorkommt.

DB: Wie schade!

CS: Ich habe die Nachricht sogar noch. Hier: »Hallo Constantin, du siehst blendend aus! Wollte ich nur kurz rübergerufen haben, bevor es dir keiner sagt!«

DB: Das ist doch eigentlich nur freundlich. – Soll ich den Kaffee noch mal heiß machen?

CS: Ja, vielleicht, jetzt habe ich ganz vergessen, auch mal einen Schluck zu trinken. Du warst ja aber nicht nur Sprecherin während deiner Zeit in der *Tagesschau*-Redaktion, richtig?

DB: Ich hatte ein sehr gutes Verhältnis zur Redaktion, unter anderem weil ich zu Beginn meiner Sprechertätigkeit ein Jahr lang einmal in der Woche in der Redaktion mitgearbeitet habe. Zwei Bedingungen stellte ich damals: Ich wollte einen anderen Stuhl als die männlichen Sprecher, weil ich auf dem nicht sitzen konnte. Und ich wollte – ohne Vergütung –

lernen, wie Nachrichtenschreiben geht. Nach drei Monaten merkte der Chefredakteur, die meint es ernst, und ich erhielt fortan als freie Mitarbeiterin sogar eine Vergütung für die wöchentlichen Redaktionseinsätze. Natürlich habe ich nicht die Hauptnachrichten geschrieben, aber manch eine Meldung, die in der 20-Uhr-Sendung weiter hinten stand. Dabei habe ich übrigens gemerkt, wie schwierig es ist, eine Meldung von zwölf Zeilen auf neun zu kürzen, wenn ohnehin jeder einzelne Satz genau bedacht und erarbeitet war. In den Pausen saßen wir oft draußen unterm Apfelbaum, haben geraucht und Wodka-Pflaume getrunken. Das hat dann irgendwann aufgehört, weil es während der Dienstzeit nicht mehr toleriert wurde.

CS: **Apropos Rauchen. Wie lange willst du noch rauchen? Denkst du jemals daran, aufzuhören?**

DB: Ich kann nicht aufhören. Ich habe es versucht, aber es geht nicht. Mir schmecken die künstlichen Zigaretten nicht. Ich muss einfach aufpassen, dass es nicht zu viele Zigaretten werden, ich stelle nämlich fest, dass ich meine Stimme nicht mehr gut hoch und tief stellen kann – inzwischen geht nur noch tief. Wenn ich Lesungen mache, dann bemühe ich mich, vorher weniger zu rauchen.

CS: **Irgendein Laster muss man ja auch haben. Wie viele Zigaretten rauchst du denn am Tag?**

DB: *(winkt ab)* Frag mich lieber nicht. Es kommt immer auf die Situation an. Wenn ich im Zug unterwegs bin, kann ich auch mal sechs Stunden lang keine einzige Zigarette rauchen. Oder wenn ich essen gehe – da fehlt mir das überhaupt nicht, ich vermisse es keineswegs.

CS: **Aber jetzt, wenn wir hier reden, hast du den Drang zu rauchen?**

DB: Ja. Unsere Treffen sind schon ganz schön aufregend für mich. Ich wühle hier in meiner Vergangenheit, das tue ich sonst nicht so häufig.

CS: **Hast du denn den Vorsatz, weniger zu rauchen?**

DB: Nein, das kann ich nicht und fertig. Jetzt bin ich so alt geworden mit dem Rauchen, dann ist das halt so. Ich sage mir immer, ob ich nun fünf Stunden länger oder kürzer lebe oder meinetwegen auch zwei Tage, das ist dann auch egal. Dann lieber ein paar Tage weniger, die dafür aber mehr Spaß bringen.

CS: **Erzähl doch mal von deinem Versuch, aufzuhören.**

DB: Ich wollte der Hypnose eine Chance geben, dafür war ich extra in Bremen. Nach der Sitzung bin ich mit einem Freund zum Bahnhof spaziert, um mit dem Zug zurück nach Hamburg zu fahren. Da kam uns eine Frau entgegen, die sagte laut: »Ich geh jetzt erst mal eine rauchen.« Ich meinte zu meinem Bekannten: »Ich auch«, und da war's schon wieder vorbei.

CS: **Das war der einzige Versuch?**

DB: Ja. Ich habe um mich herum erlebt, was für schlechte Laune diejenigen hatten, die versuchten aufzuhören. Die dann nach einem Jahr doch wieder anfingen. Da dachte ich, das hätten die sich auch sparen können. Und ein ganz anderes Beispiel: Meine Stiefmutter ist 92 Jahre alt, ihr hat der Arzt gesagt: Rauchen Sie weiter! Ihr Auto hat sie erst mit 88 Jahren abgegeben, weil sie nicht mehr so gut sehen konnte. Jetzt hole ich sie manchmal ab und bringe sie zum Arzt.

CS: **Thema Autofahren: Sollten ältere Menschen ab einem bestimmten Punkt ihren Führerschein abgeben?**

DB: Nein, aber vielleicht ab 70 oder 75 regelmäßig eine Prüfung machen. Denn wie gut jemand fahren kann, ist bei jedem verschieden. Wenn ältere Menschen es sich nicht mehr zutrauen, dann sollten sie sich auch nicht hinters Steuer setzen. Ich aber liebe es, schnell auf der Autobahn zu fahren. Das geht eigentlich nur von Hamburg nach Flensburg. Dann fahre ich schon meine 200 oder 210 – bei 220 habe ich das Gefühl, dass mein Auto in sich instabil wird. Ich fahre also gerne Auto, und ich fahre gerne mal richtig schnell. Ich habe vor Jahren auf dem Hockenheimring ein Training mit einem Porsche mitgemacht. Zum Schluss sollten wir unsere schnellste Runde fahren, ich fuhr die beste Zeit! Anschließend durfte ich mit dem Profi mitfahren, da habe sogar ich Angst bekommen. Man denkt, der fährt auf nur zwei Reifen. Und du, was bist du denn für ein Autofahrer?

CS: **Ich fahre nicht besonders gern, und wenn ich fahre, dann eher zurückhaltend. Ich wäre tatsächlich auch für ein**

Tempolimit, weil ich mir vorstellen kann, dass das etwas von der Aggressivität auf der Autobahn nimmt.

DB: Mit dir will ich nicht fahren *(lacht)*.

CS: **Ich mit dir auch nicht *(lacht)*! Im Januar 2023 feierst du deinen »Zehnundsiebzigsten«, wie du es nennst – also deinen 80. Geburtstag. Du hast mir einmal erzählt, dass du dir vorgenommen hast, keine meckernde Alte zu werden, sondern auch im Alter positiv zu bleiben.**

DB: Ich glaube, dass die Menschen entweder als Optimisten oder als Pessimisten zur Welt kommen. Und ich bin eine geborene Optimistin. Mein Glas ist immer halb voll.

CS: **Und wie gehst du dann mit schlechten Nachrichten um, etwa in der *Tagesschau*?**

DB: Ich schaue mir wie gesagt immer die Hauptnachrichten an, aber habe mir angewöhnt, bestimmte Sachen nicht mehr zu vertiefen. Ich lese nichts mehr über Corona. Ich lese auch keine Geschichten, bei denen nur spekuliert wird, was eventuell in der Zukunft passieren könnte. Mein Motto lautet: Denk nicht über das nach, was *vielleicht* kommt, sondern nimm es an, wenn es wirklich vor dir steht – vor allem wenn es schwierig ist. Dann hast du die Chance, deine ganze Kraft zusammenzunehmen. Aber mach dich nicht schon vorher verrückt, das ist verschwendete Energie.

CS: **Welche Lebensweisheit würdest du anderen noch mit auf den Weg geben?**

DB: Es gibt im Leben eines jeden Menschen Momente, in denen er denkt: Das kann ich nicht! Das schaffe ich nicht! Da sage ich: Man muss es zumindest versuchen!

CS: **Ich glaube, das ist einer der Gründe, warum du die erste Frau der *Tagesschau* wurdest und nicht jemand anders. Mir begegnen ja auch Menschen, die etwas lieber nicht machen, aus Angst zu scheitern. »Dann lieber nicht! Was da alles schiefgehen kann!« Wer aber die Bereitschaft mitbringt, etwas zu versuchen, dem eröffnen sich mehr Möglichkeiten. Genauso als ich dich gefragt habe, ob wir dieses Buch gemeinsam machen wollen. Weißt du noch, was du da gesagt hast?**

DB: Nein, was?

CS: **»Warum nicht!« Und das ist der Unterschied. Viele hätte gesagt: Lieber nicht! Aber offen zu sein für Neues, das ist ein ganz wesentlicher Charakterzug und aus meiner Sicht der Schlüssel zum Erfolg.**

DB: Das mag sein. Ich kann mich an Situationen erinnern, in denen ich zu etwas ja gesagt habe, aber insgeheim dachte: »Oje, kannst du das wirklich?« Doch am Ende hat eigentlich immer alles geklappt. Komisch ist nur, dass ich eigentlich gar kein so starkes Selbstvertrauen hatte. Ich war als junge Frau eher schüchtern, hatte durchaus Selbstzweifel. Wie ich nach Sendungen immer haderte! War das wirklich gut? Was hätte ich besser machen können? Da war ich Perfektionistin! Bis mein damaliger Lebenspartner einmal zu mir sagte: »Dagmar, du musst akzeptieren, dass etwas, was du tust, auch gut sein kann.« Das musste ich wirklich erst lernen.

CS: **Auch da würde ich sagen, dass dieser Charakterzug der eigenen Entwicklung und dem Fortkommen eher dienlich ist. Jemand, der sich nicht hinterfragt und sich nur toll findet, bleibt stehen.**

DB: Das glaube ich auch. Und man kann sich ja ohnehin nicht dagegen wehren. Du wirst als ein bestimmter Mensch geboren, besitzt verschiedene Eigenschaften und Wesenszüge, die sich im Lauf des Lebens entwickeln und ausprägen – oder eben nicht. Das hängt davon ab, was dich innerlich bewegt, was dir widerfährt – im Guten wie im Schlechten, zum Beispiel der Tod eines geliebten Menschen, eine Krankheit, gegen die du ankämpfen musst, oder entsetzlicher Liebeskummer. Aber auch Glückserfahrungen wie eine enge Freundschaft oder Augenblicke in der Natur. All das wirkt auf den Menschen ein. Trotzdem, ganz tief im Inneren bleibst du dieselbe Person, die du schon als Kind warst.

CS: **Was würdest du jungen Menschen mit auf den Weg geben?**

DB: Das sind eigentlich eher Binsenweisheiten, in denen jedoch viel Wahrheit steckt, zum Beispiel: Es wird überall nur mit Wasser gekocht. Bedeutet: Kaum ein Mensch, den du bewunderst, konnte alles von Anfang an, sondern auch er musste die Dinge erst lernen. Oder: Wie man in den Wald hineinruft, so schallt es heraus. Heißt: Sei freundlich zu allen Menschen, ob zum Chef oder dem Pförtner an der Schranke. Du wirst das Echo spüren! Außerdem: Streck dich zur Decke! Versuche auszuloten, was du kannst. Wenn du an deine Grenzen stößt und einmal scheiterst, versuche andere Wege zu finden, auf denen du dein Ziel erreichen kannst. Suche dir möglichst einen Job, der dir Spaß bringt, denn dann wirst du den auch gut machen. Halte dich nicht zu sehr mit Dingen auf, die dich belasten! Kläre sie möglichst schnell, du ersparst dir dadurch viele unruhige Stunden. Und zu guter Letzt: Hör auf dein Herz – aber vergiss deinen Kopf nicht dabei!

CS: **Liebe Dagmar, vielen Dank für das lange Gespräch!**

BILDNACHWEIS

I Dagmar Berghoff als Kind: © privat
Als Lola: © Klaus Thumser
II Mit Freddy Quinn: © teutopress
III Mit Prinz Charles und Prinzessin Diana: © NDR/Detlef Drischel
IV Mit Max Schautzer: © hgm-press
Mit Heidi Kabel: © Jürgen Joost
Mit Heino: © privat
V Im Hörfunkstudio des NDR: © privat
In Las Vegas: © privat
VI Mit Ehemann Peter Matthaes: © Frank Banuscher
VII Dubai-Reise: © privat
Als Schirmherrin für terre des hommes: © Jürgen Bindrim/face to face/action press
VIII Mit Rudi Carrell und Uwe Seeler: © privat
Mit Richard von Weizsäcker: © Thomas Machowina

Trotz intensiver Bemühungen ist es nicht gelungen, die Rechteinhaber sämtlicher Bilder ausfindig zu machen. Nachweisbar berechtigte Ansprüche bitten wir an den Verlag zu richten.